VIENTRE, MANOS Y ESPÍRITU:
Hacia la construcción del sujeto femenino en el Siglo de Oro

Universidad Veracruzana

Víctor A. Arredondo
Rector
Sara Ladrón de Guevara
Secretaria Académica
Rafael G. Murillo
Secretario de Administración y Finanzas
José Luis Rivas Vélez
Director General Editorial

Dámaris M. Otero-Torres

VIENTRE, MANOS Y ESPÍRITU:
Hacia la construcción del sujeto
femenino en el Siglo de Oro

Biblioteca
Universidad Veracruzana
Xalapa, Ver., México
2000

Diseño de portada: Lucía Gómez Benet

Primera edición, abril del 2000
© Universidad Veracruzana
   Dirección Editorial
   Apartado postal 97
   Xalapa, Ver. 91000, México

ISBN: 968-834-522-9

Impreso en México
Printed in Mexico

A la memoria de mi padre, Pedro A. Otero
Fernández, y al recuerdo alegre e
intelectualmente estimulante de mi amigo
Félix Julián del Campo.

Dec. 2000.

Querida Catherine.

Con toda mi admiración

y cariño

[firma]

Agradecimientos

Todo proyecto académico es una empresa colectiva. El Departamento de Español y Portugués de Rutgers University, New Brunswick, ha participado activamente en las discusiones en torno a esta investigación. Mi más genuino agradecimiento a todos mis colegas, pero muy especialmente, a Mary Lee Bretz, jefa del departamento, así como a Mary Gossy, Margo Persin, Carlos Narváez, Benigno Sifuentes Jaúregui, Adolfo Snaidas y César Braga Pinto por su constante respaldo. No tengo palabras suficientes para agradecer los comentarios estimulantes de Gabriela Mora, quien siempre me recordó la importancia de este proyecto. Gabriela, gracias por tu generosidad, tu lucidez y tu solidaridad en los momentos en que me hacía falta la mirada crítica y una mano amiga.

El circuito de conferencias en el que he participado me ha permitido conocer a un gran número de especialistas cuyos trabajos me han inspirado a seguir indagando en la problemática en torno a la representación femenina. Gracias a María Mercedes Carrión, Georgina Dopico Black, Emilia Navarro, Blanca López de Mariscal, Daniel Torres, Juan Diego Vila, María Acosta Cruz, Catherine Connor, Meg Greer, George Peale, por ser ejemplos de excelencia académica. A George Mariscal le estará siempre agradecida por hacer que me enfrentara con todas las contradicciones que limitan y estimulan la formación del sujeto. George, este libro no habría salido a la luz sin tus puntuales observaciones. Ojalá yo pueda transmitirle a mis estudiantes la importancia del compromiso y la integridad al leer textos del Siglo de Oro con la amabilidad que caracteriza tu persona y con tu agudeza crítica. Tenerte como mentor académico y amigo ha sido un privilegio. A Iris Zavala le agradezco que con su *Breve historia feminista* me haya estimulado a estudiar la política de la risa de Oliva Sabuco de Nantes, mi futuro proyecto. Mi más sincero agradecimiento al maestro José Luis Rivas de la Editorial de la Universidad Veracruzana, a todo su equipo de trabajo, y muy particularmente, a Esther Hernández Palacios, por su interés en el manuscrito, su amistad, y por mostrarme la belleza física y humana de Xalapa.

Mi hermana Idalis y mi cuñado Bill me han dado su apoyo incondicional en todo momento. Idalis, gracias por confiar siempre en mí, y por darme las risas de Derick, Lucas y Xavier. Wally y Manuel, mil gracias por la alegría de Jean Manuel en los momentos en que perdimos a papi. A mi hermano Pedro y a mami, gracias por ser una constante fuente de paz y fortaleza emocional. A Tito Villa, gracias por la sabiduría de tus noventa y tantos años y por tu sentido del humor.

El apoyo de mis amigos también ha hecho de este proyecto una oportunidad enriquecedora en todo momento. Mil gracias a Ellen Hulme, María Inés Zaldívar, Gary Kramer, Debra Davis, Nilda Figueroa, Audrey Bickford, Karen Erstfeld, David Rollins, Nadine Roberts, Celeste Carrasco, Jossie Schenck, Susana de los Heros, Sylvia y Marcus Hernández, por estar siempre ahí. Luz Marina Saavedra y Guillermo García, gracias por mostrarme el corazón del Quindío y el espíritu emprendedor de su gente. Finalmente, quiero expresar mi agradecimiento a todos mis estudiantes por hacer que mi pasión por la literatura, y particularmente, por los textos del Siglo de Oro, se revitalice día a día.

CONTENIDO

INTRODUCCIÓN

Vientre, manos y espíritu: hacia la construcción del sujeto femenino en el Siglo de Oro surge como un ajuste de cuentas frente a los recientes enfoques que han comenzado a reconfigurar el estudio del signo mujer, en el campo del Siglo de Oro español. Tanto el contexto académico anglosajón como el de habla hispana han podido dar testimonio de la importancia del feminismo, para dimensionar las implicaciones liberadoras de los nuevos discursos críticos. En lo concerniente a la mujer, el feminismo ha sido crucial para subrayar el carácter artesanal y las poéticas representacionales de toda narrativa maestra. Discusiones relacionadas con la subjetividad, la sexualidad y el cuerpo constituyen hoy en día una práctica rentable dentro de las instituciones académicas. Rentabilidad que, en lo concerniente a los estudios de la mujer, debe estar sujeta a constantes revisiones que aseguren el compromiso político y ético que debe orientar toda lectura que aspire a llamarse feminista. Las palabras que Gabriela Mora ofreciera en 1983 para ofrecer pautas metodológicas recalcan la importancia de esta meta descolonizadora. Mora señalaba que todo análisis feminista "se preocupa de examinar la representación literaria de la mujer poniendo de relieve los prejuicios sexistas evidenciados a través de los aspectos discursivos y narrativos de la obra, con cuidada atención a la función del signo mujer en las estructuras generales y específicas (4)". Este proyecto comparte dicha finalidad al revisar los códigos maestros inscritos en los textos, al precisar el alcance

13

de las ciencias literarias para controlar la experiencia de lectura e interpretación y, finalmente, al reconocer las aperturas epistemológicas y discursivas que dieron paso, aunque de forma embrionaria, a la aparición de posiciones subjetivas femeninas en la producción escrituraria de la época.

Un copioso número de estudios históricos, sociológicos y antropológicos ha confirmado que, a pesar de la estricta e ininterrumpida vigilancia de los discursos dominantes sobre las mujeres en la cultura de la temprana modernidad española, la mujer buscó la forma de acomodarse y manipular las estrictas formaciones sociales que procuraban disciplinarla. Esta búsqueda queda registrada en la producción cultural como un incesante y abierto malestar que interrumpe el funcionamiento dialéctico de los esquemas normativos masculinos. Los estudios del binomio alma/cuerpo, y todas sus versiones simbólicas, han mostrado convincentemente su tesitura táctica y eficaz funcionamiento como ensamblaje metafórico. Su presencia indispensable para generar significados culturales es hoy en día un hecho que muy pocos académicos disputarían. Sin embargo, este proyecto explora la posibilidad de disociar el cuerpo femenino de las prescripciones masculinas que lo encierran como la contrapartida por excelencia del masculino. En otras palabras, ¿qué sucedería si al hablar del signo mujer en la producción cultural de los siglos XVI y XVII rompiéramos las correspondencias diálecticas que asocian a la mujer primordialmente con el lenguaje de la seducción carnal y el pecado?

Dada mi convicción de que para fracturar el sistema de equivalencias patriarcales es necesario recurrir a signos que interrumpan las ecuaciones inmediatas dentro del repertorio de imágenes binarias masculinas, el tropo de la sinécdoque vela este proyecto. El proceso de desmembrar el cuerpo femenino potencia la lectura crítica del signo mujer. Desde los intersticios del discurso, la organización simbólica masculina queda al desnudo, y sus estereotipos más comunes terminan revelando su carácter estratégico. Al asociar al embrionario sujeto femenino con los regalos del espíritu, el trabajo de las manos y las prácticas de la reproducción biológica y social, este estudio intenta distanciarse del callejón de la estética representacional en donde los opuestos logran una síntesis perfecta. Como demostraré, a lo largo de esta investigación, la visión abstracta y estática impulsada por el patriarcado ha sido efectiva como un mecanismo de control porque presenta a la mujer como un espacio semántico negativo donde se materializa la fantasía masculina de la uniformidad y la coherencia. Por tal motivo, para referirme a la mujer he optado usar el término signo, como un gesto deliberado para apartarme metodológicamente de los estudios descriptivos dedicados a ofrecer lecturas globales de la imagen de la mujer. Mi acercamiento al signo mujer recalca cómo su construcción, más que promover una visión fija de la experiencia femenina, termina siendo crucial para generar y negociar nuevos significados culturales. En el momento en que se reconoce que el signo mujer contiene dentro de sí todas las posibilidades para quebrar la horma ortopédica del patriarcado, las mecánicas que reducen el conglomerado femenino a ser una imagen unívoca de las ficciones patriarcales pierden su operatividad. En este sentido, mi contribución al proceso de la subjetividad femenina, conforme aparece registrada en textos de autoría masculina en la cultura preindustrial castellana, es la de formular preguntas que fomenten nuevos ángulos de lectura y de interpretación.

La elevación utópica del signo mujer o su reducción al rol de convención literaria me ha permitido enfrentarme a las historias literarias y de la crítica que funcionan para "objetivar" las construcciones textuales que sobre la mujer se han hecho. Estas fabricaciones, por su parte, me han servido de contrapunto para interrogar las tímidas presencias subjetivas que han permanecido a la espera de ser rescatadas. El diálogo que propongo lleva el firme propósito de mostrar la textualidad de la historia y las historias detrás de los procesos de textualización. Esta idea, sugerida por estudiosas como Laurie Finke e Iris Zavala, entre otras, supone la revisión de textos que, a pesar de sus claros intentos de satisfacer positivamente las convenciones historiográficas, narrativas y dramáticas de la época, hallan un signo corporal escindido entre la obligación de participar en el orden simbólico patriarcal y la imposibilidad de hacerlo plenamente porque su participación dentro de una compleja red semántica e histórica cuenta otras historias imposibles de silenciar.

Frente a tradiciones escriturarias masculinas que se autolegitiman mediante la fijación de retóricas ligadas a los placeres de la carne, *Vientre, manos y espíritu* evoca la productividad de estas tensiones no como fallas ideológicas, sino como registros que desgastan el unísono cantar de las formaciones culturales masculinas. En el primer capítulo, "Pasos teóricos para las nuevas lecturas del signo mujer en el Siglo de Oro", recojo las pautas metodológicas que permiten ver cómo las tensiones semánticas que se manejan a través de las referencias al cuerpo se convierten en fértil terreno para comenzar a dibujar las cartografías identitarias femeninas que se legitimarán en siglos posteriores. La meticulosa atención a la manera en que el cuerpo femenino aparece textualizado en los discursos religiosos, narrativos y dramáticos de la época evoca un campo de relaciones de poder donde cohabitan, no siempre de forma armoniosa, las posiciones estamen-

16

Mediante detalladas lecturas de la producción inquisitorial sobre las beatas Isabel de la Cruz y Francisca Hernández, la narrativa picaresca de Alonso Castillo Solórzano y una comedia de Tirso de Molina, he localizado los incipientes modelos de subjetividades femeninas, adentrándome minuciosamente en el corazón de las contradicciones sociohistóricas, conforme estas posiciones aparecen textualizadas en los discursos literarios aquí tratados. Las particularidades contextuales, lingüísticas y estéticas que conforman los objetos culturales no sólo albergan los dictámenes del patriarcado, sino las alternativas para combatir su terreno ideológico. Éstas siempre son locales y, por consiguiente, no pueden ser planteadas de forma global. Por tal motivo, no he querido ofrecer argumentos totalizantes que desvirtúen la necesidad de ubicar los momentos que interrumpen la lógica patriarcal dentro de un texto o tradición específica. He preferido abordar la problemática del embrionario sujeto femenino desde espacios culturales tan disímiles como la documentación religiosa, el género picaresco y el teatro que ofrecer un estudio dedicado a un solo autor o a un solo género literario. Mi convicción de que todos estos terrenos culturales se complementan y no deben disociarse para esbozar las complejas negociaciones características, en los procesos subjetivos, será evidente en cada uno de los capítulos. Si he tenido que separarlos ha sido por tener que guardar principios expositivos.

Gracias al legado de las estrategias de lecturas postestructuralistas, semióticas y sociolingüísticas, el feminismo ha comenzado a desarticular los variados universos retóricos que componen el producto textual. Hemos logrado poner en tela de juicio la universalidad de ciertas categorías que, a pesar de su aparente neutralidad, encasillan al signo mujer dentro de los parámetros reductores de la historiografía, la crítica y las tradiciones estéticas masculinas. Porque el proyecto de interrumpir la univocidad patriarcal apenas comienza a materializarse mediante nuevas prácticas de interpetativas marcadas por la reapropiación y la revaloración de las culturas literarias, espero que *Vientre, manos y espíritu: hacia la construcción del sujeto femenino* no sólo sirva para desmontar los esquemas lineales del pensamiento crítico. Espero que este proyecto también pueda ofrecer nuevas rutas para hacer de la lectura un ejercicio que permita al sujeto interpretativo dedicar a la reconstrucción de signos y sistemas de significados, desde sus propias experiencias históricas y personales.

I. PASOS TEÓRICOS HACIA LAS NUEVAS LECTURAS DEL SIGNO MUJER EN EL SIGLO DE ORO

En la introducción al volumen XIII del *Journal of Hispanic Philology*, Alison Weber reconocía la tardía incorporación de perspectivas feministas dentro de los estudios hispánicos en la academia norteamericana.[1] Cuando ya para 1989, los departamentos de literatura de habla inglesa contaban con dos décadas de continuo diálogo en torno a representaciones de la mujer, los estudios peninsulares apenas comenzaban a adoptar y a adaptar vocabulario y herramientas teóricas que facilitaran la reinterpretación del signo mujer. Según la editora del volumen dedicado a la producción cultural del Siglo de Oro, las nuevas y diversas lecturas dentro del hispanismo daban indicios de la corriente revitalizadora que estaba poniendo fin al letargo metodológico de tantos años. Con gran entusiasmo señalaba Weber:

> Gynocentrism co-exists with the feminist critique; the forum is open to theories of écriture féminine as well as sociolinguistics. For those of us who work in the early modern period, a growing corpus of writing by women is now accesible at the same time that feminist scholarship is exploring from different perspectives the social construction of gender. We have, additionally, become

---

[1]Alison Weber, "The Editor's Column", *Journal of Hispanic Philology*, 13, 1989.

familiar with deconstructive reading practices. Our attention to
the gaps, silences, and logical incoherences we were trained to ignore
make it possible to recover the repressed gender content of male-
authored texts. (185)

La acogida de la teoría contemporánea dentro de los estudios
del Siglo de Oro ha abierto los canales para delinear críticamente las intersecciones que posibilitan la construcción del
sujeto femenino en la producción cultural de los siglos XVI y
XVII. La figura femenina no ha estado ausente en los estudios
literarios del llamado Siglo de Oro, pero es evidente que las
nuevas corrientes interpretativas persiguen una meta que no
se reduce a un criterio de descripción tipológica. Tampoco son
suficientes hoy en día los esquemas que hablan de la mujer
como emblema de la nación castellana o como marioneta del
patriarcado preindustrial. La simpleza de ambos modelos de
interpretación ha sido sistemáticamente confrontada por
especialistas que exigen particular atención al lenguaje, a las
configuraciones discursivas y a las tradiciones literarias,
a través de las cuales se codifican, tanto las prescripciones
para el género femenino como las pautas para definir lo que
cuenta como materia académica. Este proyecto en que reexa-
mino la centralidad del signo mujer en el Siglo de Oro halla
ecos en las palabras de Annette Kolodny cuando recordaba
que toda lectura feminista perseguía un doble compromiso.
Lo académico no puede disociarse de lo político, es decir,
siempre debe examinar el ámbito de lo público donde se pro-
duce y se transmite el conocimiento:

The practice of feminist literary criticism is the most demanding
practice I know. It has never been simply about decoding the gender and racial biases in literary history or deconstructing the
gender, race, and class assumptions in literature and criticism,
nor even about recuperating women writers and entire female

traditions. Within the academy, it is and always has been a moral and ethical stance that seeks to change the structures of knowledge and, with that, the institutional structures in which knowledge gets made and codified.[2]

La responsable incorporación de asuntos relevantes para la mujer, en los debates académicos, sigue marchando de la mano con la reformulación de las premisas académicas que moldean y administran conocimiento. La necesidad de producir pautas de lectura que fomenten un acercamiento riguroso a la ideología génerico sexual presente, en la cultura castellana de los siglos XVI y XVII, exige que el sujeto investigador examine la posición de privilegio desde la cual conduce sus investigaciones. Indiscutiblemente, las nuevas lecturas dentro del Siglo de Oro son el resultado de nuevos discursos críticos que han permitido un examen distinto del texto social y el literario. No por ello es justo sacrificar el universo textual que articula el ejercicio literario a favor de una óptica metodológica, simplemente, porque ésta esté a tono con la idiosincrasia personal del investigador o la investigadora, o porque sea la última modalidad crítica.

La tarea de ubicar las etapas embrionarias de un sujeto femenino sólo puede ser calificada de poco importante si se ignora que la mujer operó como una figura indispensable para una sociedad ordenada en función de una estricta economía genérico sexual. El excelente e indispensable trabajo de la historiadora Mary Elizabeth Perry, *Gender and Disorder in Early Modern Seville*, ha mostrado de manera convincente que, a pesar de las inmensas limitaciones im-

---

[2]Annette Kolodny, "Dancing Between Left and Right: Feminism and the Academic Minefield in the 1980s", *Feminist Studies*, 14, p. 465.

puestas por la ideología patriarcal de la sociedad sevillana de la primera modernidad, las mujeres participaron activamente en el acelerado desarrollo de la agitada ciudad del Gualdalquivir:

> The case of Seville presents more than one atypical city in disorder, and it cannot be dismissed as merely male conspiracy to control women. Efforts to preserve and restore order here reveal the primary role that gender has played in human history. Many women participated in these efforts, internalizing gender beliefs that they had been taught from their earliest years, accepting a more subtle psychic enclosure in idealized expectations. Yet other women resisted with quiet subversion and noted the gap between gender ideals and the actual conditions of the rapidly changing city.[3]

Al utilizar el género sexual como categoría crítica para analizar la ideología de la época, Perry aporta un innovador enfoque a la recopilación de documentos históricos. Su interpretación sobre los datos de archivo ofrece al menos tres impactantes conclusiones que interrumpen la idea de un sexo femenino victimizado sin tregua. En primer lugar, su estudio confirma que el hábil manejo de binarismos culturales fue crucial para generar la perpetuación de los ideales del patriarcado debido a refinados procesos de identificación cultural. Sin embargo, conforme estas ecuaciones dialécticas van siendo confrontadas por las circunstancias históricas, la segunda hipótesis de Perry apunta hacia la imposibilidad de asegurar el acatamiento ciego de las normativas masculinas. Porque el control de las instituciones patriarcales sobre la mujer no es totalmente predecible ni puede ser anticipado con

---

[3]Mary Elizabeth Perry, *Gender and Disorder in Early Modern Seville*, Princeton University Press, Princeton, 1990, p. 13.

absoluta certeza, su tercera contribución sugiere que la normativa masculina *sólo* encarna un espacio cultural que potencia comportamientos específicos para subsanar *sus* profundas ansiedades históricas. En este sentido, ésta no encarna verdades categóricas, sino proyecciones idealizadas sobre la mujer que *pueden*, pero *no tienen* que llegar a concretarse en práctica social.

Tras la relectura histórica ofrecida por Perry, el signo mujer en la producción cultural de la primera modernidad no puede ser leído con la misma ingenuidad de hace unas décadas. El reto consiste en impulsar lecturas desde los intersticios de los discursos dominantes, desde la periferia de lo canónico. Lecturas que operen como respuestas a preguntas incómodas, indiscretas e imprudentes de acuerdo con los criterios institucionalizados. En el campo de la literatura, el criterio generalizado ha sido el de negar historicidad al signo mujer al encerrarlo en un entramado dialéctico que disipa las diferencias en nombre de una supuesta totalidad perfecta. Ya que la representación femenina participa de manera activa en la producción de los significados culturales que articulan la sociedad de la época, es conveniente examinar las instancias en que la ruptura del sistema de equivalencias no permite que el término legitimado culturalmente silencie al reprimido.

Es urgente recordar que, en las culturas europeas de la época preindustrial, el binomio espíritu/cuerpo define la relación ontológica entre el hombre y la mujer. Los órdenes simbólicos del patriarcado se organizan a lo largo de la historia occidental mediante la idea de un sexo femenino erotizado sin restricciones. Los altos dividendos generados por esta concepción dual en la que cuerpo y espíritu se construyen como realidades mutuamente excluyentes se vieron materializados en binarismos culturales que afirmaban la asociación de la mujer a los placeres de la carne, mientras los principios generadores de la vida aparecían asociados con el sexo masculino. Ni las tradiciones platónicas ni aristotélicas, pilares de las doctrinas patrísticas, escolásticas y humanísticas, disputaron que la clave del conocimiento ontológico residiera en directa contraposición al tropo de la carne y sus variables simbólicas. El repertorio de imágenes culturales propiciado desde la antigüedad por Pitágoras se reelabora históricamente sin cambios significantes que alteraren la substancialidad de este encuadre dialéctico. Las metáforas rectoras que articulan la distinción pitagórica entre cuerpo y alma toman forma concreta al imponer pautas reguladoras sobre el comportamiento de la mujer. Las asociaciones simbólicas objetivan la realidad material femenina, y la presencia femenina queda reducida a ser sinónimo de una sexualidad desenfrenada asociada con la perversión, la corrupción, la destrucción y la ignorancia.

En consecuencia, el binomio santidad/perversidad es la versión más inmediata del binomio espíritu/cuerpo y encierra al conglomerado femenino en una categoría en donde prima el elemento carnal, lo tradicionalmente concebido como femenino. La reciente recuperación de una ignorada, aunque importantísima, genealogía de mujeres escritoras en el Renacimiento, ha sido crucial para advertir las implicaciones de reproducir este modelo acríticamente. Desde el campo de la historiografía religiosa, por ejemplo, Grace Jantzen critica con severidad algunas lecturas contemporáneas que, con el propósito de trazar posturas que interrogan las jerarquías de poder masculinas, han deshistorizado el carácter público y altamente estructurado de la experiencia mística. El sistemático estudio de Jantzen deja en evidencia que, dentro de la tradición mística medieval y renacentista, las imágenes relacionadas con el cuerpo presentan el mayor obstáculo para alcanzar la unión con Dios. Esto se debía al hecho de que el cuerpo femenino no sólo estaba relacionado con el pecado, sino con la ignorancia.[4] En este sentido, las imágenes que recurren a tropos sexualizados cumplen con la función de reforzar los estereotipos misóginos patrísticos y medievales. Rara vez, éstos funcionan con efectividad para autorizar la subjetividad femenina por medio de la experiencia y la escritura mística:

> The use of erotic imagery was at the expense of the valuation of sexual relations. It used the language of passion, but forbade any actual physical passion in an effort to channel all desire away from the body and towards God. Human sexuality, was therefore seen not as a way of knowing something of divine Eros, but as a distraction and corruption, distateful and gross. And since it was primarily women and women's bodies that were identified with passion and sexuality, women were part of the evil to be shunned or overcome by spiritual men. (Jantzen 91)

La hábil orquestación de constructos masculinos dificulta encontrar formas de resistencia al orden patriarcal, a través de imágenes evocadoras del eros femenino. Las alusiones al lenguaje de la seducción terminan por ratificar los encuadres dialécticos que esencializan a la mujer como una versión moral y físicamente inferior al hombre. En el campo de la literatura, por ejemplo, la desmedida sexualidad femenina desencadena un corpus de continuidades semánticas en donde el signo mujer termina irremediablemente reducido a ser una versión satírica que confirma la hegemonía patriarcal. Lía

---

[4] Grace M. Jantzen, *Power, Gender and Christian Mysticism*, Cambridge University Press, Cambridge, 1995, pp. 87-89.

Schwartz, que se ha ocupado del tema, advierte cómo la caracterización femenina del Siglo de Oro perpetúa el modelo *sexo* patrocinado por los tratados de retórica y poética vigentes en la época. Los personajes femeninos quedan sujetos a una óptica que, tanto en sus variantes laudatorias como vituperiosas, consigue el mismo objetivo: reforzar la ideología patriarcal mediante elucubraciones denigrantes en contra del género femenino basadas primordialmente en la sexualidad o en sus ramificaciones simbólicas.[5] Tanto el trabajo de Schwartz como el de Jantzen exigen una revisión en la que los paradigmas teóricos sean corroborados por una meticulosa lectura en donde el componente histórico, en sus diversos aspectos, sirva de ancla al ejercicio de interpretación.[6] Desde sus respectivas disciplinas, ambas especialistas muestran una saludable sospecha que pone en tela de juicio el manejo de las imágenes sexuales para fomentar modelos de auto-

---

[5] Lía Schwartz Lerner, "Mulier...milvium genus: la construcción de personajes femeninos en la sátira y ficción áureas", *Homenaje al profesor Antonio Vilanova I*, eds. Adolfo Sotelo Vázquez y Marta Cristina Carbonell, Universidad de Barcelona, Barcelona, 1989.

[6] Al respecto comenta Schwartz: "Me parece...que una lectura psicologizante de estas convenciones resulta poco productiva para reconstruir cómo se conceptualizaba la diferencia hombre-mujer en textos de períodos históricos alejados del nuestro. Se corre además el peligro de deshistorizar los textos al proyectar sobre ellos, anacrónicamente, ideas sobre el sujeto que responden a esquemas de la psicología decimonónica o freudiana. En última instancia, tan antifeministas son algunos motivos de alabanza como de censura de la mujer. Por ello, importa más recuperar cuáles eran los rasgos genéricos a partir de los cuales se estructuraron las relaciones sociales, se asignaron funciones y valores o se confirieron privilegios en las sociedades del Antiguo Régimen", p. 642. Por su parte, Jantzen señala que el auge del misticismo como una experiencia subjetiva femenina se inscribe dentro de una coyuntura histórica en que el misticismo pierde su importancia pública y política, p. 24.

nomía femenina. En una época en que los espacios oficiales de expresión cultural actuaban como camisa de fuerza sobre las representaciones del cuerpo femenino, la memoria histórica no debe ser encorsetada dentro de un discurso crítico que no ofrezca herramientas interpretativas para desenterrar las complejidades registradas en los textos de la época.

En las lecturas que siguen se verá que, lejos de asegurar un control absoluto sobre el cuerpo y las experiencias femeninas, la tradición escrituraria masculina de la época da claros indicios de su precariedad. La obsesión con el estatus del cuerpo femenino asegura su importancia para la organización simbólica y material de una sociedad cuya ideología se basaba en una estricta economía genérico sexual. Sin embargo, el hecho de que la gestación provisoria de espacios femeninos se debilite se debe a que la aparente libertad sexual de los personajes femeninos se convierte en una estrategia de representación masculina destinada a silenciar el impacto histórico de la mujer. El signo mujer analizado en estas páginas no puede entenderse sin dialogar concretamente con las formaciones raciales, religiosas, jurídicas, espirituales, económicas y estamentales que crean la ilusión de verosimilitud textual. Al igual que Jantzen y Schwartz, Iris Zavala ha comentado que las referencias al cuerpo operan en último término como constructos reductores que succionan las posibilidades subjetivas para la mujer. Al comentar sobre la instrumentalidad del cuerpo como base material donde se gestan los estereotipos que presentan una imagen ahistórica y estática de la mujer, Zavala explica lo siguiente:

Los cuerpos están saturados de voces y estereotipos. Entre los múltiples estereotipos no faltan, claro está, los simbólicos: la ropa, las joyas, los vestidos, las fruslerías, la chismografía, el apetito sexual. Todas estas obsesiones son estereotipos culturales que se proyectan en los textos del patriarcado: en los peores momentos de misoginia se representa a la mujer como ignorante, sólo apta para la maternidad, o bien obsesionada por los signos externos. El mundo de la economía simbólica de los textos patriarcales está determinado por un rizoma de estereotipos y fantasías culturales, que a menudo como un boomerang, nos revela los constructos psicológicos de la psique masculina. El cuerpo se transforma así en objeto voyerístico o fetichista, que invita a intercambios eróticos con los espectadores masculinos. (Zavala 56)

Todo enfoque crítico cuyo objetivo principal sea la descripción de las pautas y la función para satisfacer ciertas tendencias de época fracasa para explicar cómo el lenguaje literario prefigura el sistema de signos que forma el pensamiento simbólico que organiza la realidad social y, muy particularmente, las experiencias relativas al género sexual. Para indagar de forma adecuada en la forma en que el género sexual va adscrito a los significados sociales dentro de una formación cultural, es necesario aceptar que los espacios en que coinciden discursos, instituciones y prácticas generan patrones que, rara vez, pueden ser resueltos en narrativas unívocas. Subrayando la insuficiencia de las leyes de "causa y efecto" manejadas por la historiografía tradicional para explicar los dilemas enfrentados por las mujeres que asumen la posición de sujetos enunciantes, Laurie Finke ha propuesto un modelo que privilegia la atención a las contingencias locales sobre lo global porque:

Any understanding we may have of the formation of gender identity within a particular society, consequently, will always be incomplete and fragmentary, limited to the partial representations of local networks. This recognition of our contingency, however, does not need to be disabling, it can create the impetus to challenge hegemonic, totalizing constructions of self and society.[7]

La necesidad de inscribir al sujeto escriturario femenino dentro de una red de prácticas sociales que delimitan los posibles imaginarios femeninos es indicativa de que la expresión femenina, más que ser muestra de una esencia atemporal, está arraigada a las circunstancias materiales que dimensionan la historia. Si el poder de la palabra pública ha sido una prerrogativa masculina, un hecho de poder, no es de extrañar que para examinar la producción de significados simbólicos generados por una mujer se tenga que desmontar miniciosamente la situación contextual que da forma a la tipología cultural de una época. Para Finke, el rescate de voces femeninas amerita que:

> Those cultural practices, meanings, and values that attempt to bring together power and knowledge to create order and hierarchy may be examined by drawing something like's Foucault's notion of the *disposatif,* or "grid of intelligibility." The *disposatif* locates a set of specific practices that organize some aspect of social life. It establishes links among such disparate practices as "discourses, institutions, architectural arrangements, regulations, laws, administrative measures, scientific statements, philosophic propositions, morality, philanthropy, etc"...as a means of demonstrating how societies construct, organize, and control their constituent subjects. But those practices that serve to create "docile" subjects have to be continually "renewed, recreated, and defended" and therefore can be challenged, resisted, and modified... Michel de Certeau uses the term "poaching" to describe those strategies that parasitically undermine the hegemonic cultural practices and enable the disempowered to manipulate the conditions of their existence. "Everyday life," he writes, "invents itself by poaching in countless ways on the property of others"...

---

[7]Laurie Finke, *Feminist Theory, Women's Writing,* Cornell University Press, Ithaca, p. 10.

These appropiations of the dominant social order deflect its power without challenging it overtly. Poaching is neither straightforward conformity nor rebellion but a dialogic and destabilizing encounter between conflicting cultural codes. If we accept this complex model of social relations, the dilemma for feminists becomes not how to overturn the oppressive social relations of gender, but how to poach most effectively, how to influence the direction and velocity of change in a social formation that is constantly in flux. (10)

La afiliación de su discurso crítico a la tradición dialógica bajtiniana y a sus posteriores elaboraciones por Raymond Williams, Michel Foucault y Michel de Certeau afirma la centralidad de la investigación histórica para ubicar al sujeto femenino en la producción cultural de una determinada serie histórica. La noción dialógica propone la revisión de las diversas mecánicas de inteligibilidad cultural en su función de registros en los que se inscribe la mutua dependencia entre conocimiento y poder. En este sentido, el texto literario puede ser abarcado como un espacio privilegiado en que se negocian, se problematizan y se establecen los complejos nexos entre las certezas culturales institucionalizadas y las prácticas en torno a ellas. Sin embargo, debido a que el carácter constitutivo de esta dinámica no implica una ciega correspondencia entre los discursos dominantes y las prácticas legitimadas por una lógica hegemónica, aun en los textos de autoría masculina existe la posibilidad de ubicar instancias de disidencia, de ruptura con el pensamiento circular del patriarcado. Al abordar el signo mujer como un elemento que impacta categóricamente el funcionamiento de las formaciones sociales, este estudio devela su doble funcionamiento. El signo mujer cumple con la doble capacidad de ser tanto producto de constructos lingüísticos como generador de identidades culturales.

Ante la multiplicidad de fuerzas que cuestionan las pautas legitimadoras de lo hegemónico, el aporte de la investigación feminista ha sido ver cómo esas fuerzas muestran aperturas que no permanecen ajenas a una política sexual. Si lo hegemónico tiene que regenerarse para mantener el nivel consensual que respalda sus "verdades," resulta prácticamente imposible que el género sexual no sea percibido como una categoría heurística. El ojo crítico, entrenado para leer a contrapelo, puede rescatar estas instancias centrífugas que, generadas por el propio discurso dominante, desnudan el carácter estratégico de la normativa patriarcal. Estas lecturas no sólo iluminan las constantes históricas de dominación, represión y subordinación que pesan sobre la mujer y demás grupos subordinados, sino que no descansan hasta articular la posibilidad local de subvertir ese orden supuestamente estático.

En el ya indispensable, *Contradictory Subjects: Quevedo, Cervantes and Seventeenth Century Spanish Culture*, George Mariscal plantea el problema de la subjetividad de la temprana modernidad española dentro de un campo de relaciones heterogéneas de poder en constante fluir y con sistemas de exclusión claramente delimitados.[8] A pesar de que casi sistemáticamente, algunas configuraciones sociales y prácticas textuales exceden en importancia a otras, la proliferación de categorías identitarias es indicio de una lucha continua en el campo de la subjetividad. Al insistir en que los procesos que impulsan la noción del individuo son múltiples, heterogéneos, locales y sujetos a coyunturas históricas, el mencionado estudio concentra su atención sobre el campo de los discursos que

---

[8]George Mariscal, *Contradictory Subjects: Quevedo, Cervantes and Seventeenth-Century Spanish Culture*, Cornell University Press, Ithaca, 1991.

conforman la serie literaria conocida como Siglo de Oro. La ilusión de un sujeto unitario, estable y fijo se alimenta de la fijación de otredades, entre las que se encuentra el género femenino. La instrumentalidad del género sexual muestra su lugar preferencial para los imaginarios culturales castellanos que afirman la soberanía masculina. Sin embargo, para precisar la funcionalidad del género sexual para el orden simbólico patriarcal, es necesario lidiar con los diversos ruidos evocados por embrionarias presencias femeninas, incluso dentro de los discursos y prácticas textuales, manipulados por la hegemonía masculina.

Con su estudio sobre la producción textual de ambos, Cervantes y Quevedo, Mariscal ha demostrado cómo el género femenino aparece directamente implicado en la tarea de reforzar la noción de hombre universal que, en el contexto castellano más ortodoxo, cobra matices específicos ligados a una aristocracia católica de linaje impoluto. El signo mujer, también aparece involucrado en la construcción de subjetividades masculinas menos excluyentes que abrazan categorías como la virtud o la nobleza adquirida como sus principales fuentes identitarias. Sin duda, ambas apropiaciones, igualmente arbitrarias y necesarias para borrar las huellas de la fabricación ideológica masculina, muestran que la plasticidad y la forma del cuerpo se derivan de las formaciones sociales y el material discursivo que las legitima.[9] Ya sea para cooperar con los procesos de interpelación ideológica o para resistirse a ellos, el punto es que ninguna posición subjetiva puede diso-

---

[9] En relación con la idea de la interrelación entre las formaciones sociales y las técnicas del discurso, ver el excelente trabajo de María Mercedes Carrión, *Arquitectura y cuerpo en la figura autorial de Teresa de Jesús*, Anthropos, en coedición con la Consejería de Educación de la Comunidad de Madrid, Barcelona y Madrid, 1994.

ciarse de su situación contextual. En este sentido, sería justo sugerir que tras la representación femenina vibran fuerzas activas que enhebran prácticas históricas, culturales y sociales procedentes tanto del plano discursivo como del no discursivo. En consecuencia, una lectura a trasluz puede mostrar cómo sobre el cuerpo que sirve de emblema de degradación femenina también se filtran sugerentes valoraciones que trascienden dicha abyección, gratuitamente atribuida al género femenino, para proponer nuevas, aunque tímidas, posiciones subjetivas.

La ginocrítica ha propagado un acercamiento metodológico que explora la formación del sujeto femenino a través de la escritura de mujeres, pero sus postulados también pueden ser utilizados para abordar las posiciones subjetivas presentes en los discursos masculinos.[10] Frente a la férrea economía de género, característica de la producción literaria de los siglos XVI y XVII español, se agudizan los abismos existentes entre la representación femenina oficializada y las fuerzas que la distorsionan. Estos "ruidos" presentan un panorama que narra otras historias. Finke elabora la tesis de Michel Sèrres a fin de hablar respecto de algunas maneras para abordar la escritura femenina y, por extensión la poética representacional, sobre el signo mujer:

---

[10]La invaluable publicación de la *Breve historia feminista de la literatura española en lengua castellana* ha dejado constatada la dedicación de un grupo de especialistas a desentrañar la enorme complejidad de los procesos formativos del sujeto femenino en sus facetas creativas. Iris Zavala y Myriam Diocaretz, *Breve historia feminista de la literatura española (en lengua castellana)*, t. 1, intr., Rosa Rossi, Anthropos en coedición con Consejería de Educación de la Comunidad de Madrid, Barcelona y Madrid, 1993.

Noise is information that is not in itself meaningful, that resists being coerced into meaning, but against which meaning must emerge. A message—say, a narrative about the past— can emerge only by distinguishing itself from background noise, from details that are deemed irrelevant or unnecessary. But Sèrres argues that this noise is not parasitic on or secondary to the message: it is always an integral part of it. A message, a discourse, or a text can have no positive value, no meaning in and of itself, but must define itself differentially as that which is not noise. The transmission of noise along with information leads more complex of information so that noise becomes a positive factor in the organization of more complex representations of systems: society and history, for example. (Finke 25)

Demostrar la centralidad de que gozan los impulsos discordantes para ratificar la validez de los discursos rectores es de suma utilidad para el proceso de la construcción del sujeto femenino. Este gesto, contrario a la manera tradicional en que la historiografía ha intentado suprimir las diferencias, obliga a prestar atención a las voces marginales. El carácter consensual de lo hegemónico se alimenta de saber acomodar y domesticar la heterofonía para servir a sus propios intereses. Al rescatar estas voces de aparente insuficiencia, Finke provee un nuevo plano para demarcar los espacios de inteligibilidad cultural. Si el "ruido" amerita una valoración positiva en la constitución de lo hegemónico, éste también permite desmantelar el incesante despliegue de marcadores modélicos que legitiman la economía simbólica patriarcal. Más aún, cuando el ruido se examina sobre este trasfondo de ágiles desplazamientos semióticos, éste puede llegar a mostrar su carácter subjetivo, es decir, insensible al conjunto de narrativas totalizadoras.

La reterritorialización de las narrativas maestras, gracias a "los ruidos" emitidos por las categorías genérico sexuales, ha sido acompañada de una crítica a la dicotomía observador-observada, que abunda en las representaciones de la mujer. Para abordar críticamente la tibia formación de identidades femeninas en los textos de autoría masculina, ha sido importante desmontar la imagen fija de la mujer, patrocinada por lecturas tradicionales. El género de la picaresca es particularmente sintomático de este perspectivismo genérico sexual, aunque el mismo se da con similar frecuencia en otros géneros literarios. Mientras lo masculino aparece textualizado e interpretado como representativo de la autonomía del ser, la representación de lo femenino se desdobla al mismo tiempo en dos motivaciones. Ésta articula la presencia del espectador ideal que es masculino y, a su vez, la imagen de la mujer construida para agradarle. Las nuevas lecturas exploran las instancias que potencian que el signo mujer cobre una fisionomía histórica que denuncie las fantasías especulares implícitas en las prácticas de lectura y en los ejercicios de interpretación crítica. El diálogo con la perspectiva y el punto de vista masculino generado, desde este lugar de interrogación, no sólo descodifica esta dinámica de afirmación masculina, sino que rescata las negociaciones simbólicas que parecen solapadas por la ilusión especular de la época. La recopilación de ensayos que se hiciera tras la trágica e inesperada muerte de Lola Luna,[11] plantea el complejo problema del acto de la lectura como eslabón indispensable para nuevas interpretaciones literarias.

El compromiso de "leer como una mujer la imagen de la Mujer" propuesto por Luna, exige una meticulosa revisión de

---

[11]Lola Luna, *Leyendo como una mujer la imagen de la Mujer*, pról. de Iris Zavala, Anthropos en coedición con el Instituto de Estudios de la Mujer de la Junta de Andalucía, Barcelona y Sevilla, 1996.

los valores operativos, los juicios de valor estéticos e ideológicos que han conformado las historias literarias y sus prácticas institucionalizadas. La imagen rígida y acartonada del signo "Mujer," puesto en mayúscula para acentuar la visión oficializada que reduce los asuntos del género sexual a perspectivas mecanizadas, es contrarrestada por el acto de lectura iniciado por *una* mujer, consciente de su posición crítica y de su historia particular. A simple vista puede observarse que dicho proyecto se extiende al ámbito de la lectura y al de la interpretación. No sólo se trata de promover una seria revisión de cómo se construye lo femenino frente a lo masculino. También se trata de insistir en la validación de un nuevo sujeto para la interpretación literaria y cultural. El término "una mujer", como generador de nuevas pautas para la interpretación y la lectura, puesto en minúscula, es un constructo estratégico que pone en tela de juicio la supuesta neutralidad que estructura los discursos filosóficos. Con la opción de "leer como una mujer", Luna radicaliza las prácticas de la lectura para contrarrestar lo que Teresa de Lauretis ha llamado "la violencia de la retórica" y "la retórica de la violencia", en directa alusión a la posición del privilegio falogocéntrico, que pocas veces es cuestionado en las tradiciones filosóficas.[12] Al

---

[12] Teresa de Lauretis, "The Violence of Rhetoric: Considerations on Representation and Gender", *Technologies of Gender: Essays on Theory, Film and Fiction*, Indiana University Press, Bloomington and Indianapolis, 1987. De Lauretis afirma: "The very notion of a 'rhetoric of violence,'...presupposes that some order of language, some kind of discursive representation is at work not only in the concept 'violence' but in the social practices of violence as well. The (semiotic) relation of the social to the discursive is posed from the start. But once that relation is instated, once a connection is assumed between violence and rhetoric, the two terms begin to slide, and, soon enough, the connection will appear to be reversible. From the Foucauldian notion of a rhetoric of violence, an order of language which

no aceptar la hipótesis de imparcialidad lingüística que estructura el pensamiento filosófico, la denuncia de los mundos y las prerrogativas ficticias del canon facilita entender el monopolio de poder que reduce a la mujer a los mundos limitados del patriarcado. Ésa, sin embargo, es sólo parte de la historia. El resto queda por escribirse mediante las prácticas que quiebran los valores simbólicos del patriarcado, y como se verá a continuación, enuncian las posibilidades para subvertir o interrumpir ese orden, por muy limitadas que estas instancias puedan ser. La práctica de leer como (lo haría) una mujer no queda reducida a ser una actividad crítica con tendencias esencializadoras. La propuesta de construir una posición crítica a partir del reconocimiento de las presiones que intentan moldear lo que constituye el ejercicio interpretativo libera el signo mujer del aplastante peso de las tradiciones estéticas e interpretativas mecanizadas. El discurso de Luna podría ser acusado de utilizar un lenguaje con matices substanciales por su defensa del género femenino como unidad singular, una mujer. Lo cierto es que su discurso se estructura a partir de unas metas pedagógicas que no lo son. Los nuevos hábitos de lectura propuestos por Luna no excluyen al sujeto interpretativo masculino, ni tampoco sugieren que todas las mujeres poseen la misma capacidad interpretativa. Lo que *sí* exigen, sin embargo, es que el sujeto interpretativo, sea hombre o mujer, se comprometa a rescatar la heterofonía de voces que componen un texto literario o un texto cultural. Leer como una mujer se convierte potencialmente en el espa-

---

speaks violence —names certain behaviors and events as violent, but not others, and constructs objects and subjects of violence, and hence violence as a social fact— it is easy to slide into the reverse notion of a language which, itself, produces violence. But if violence is in language before if not regardless of its concrete occurrences in the world, then there is also a violence of rhetoric, or what Derrida has called 'the violence of the letter' ", p. 32.

cio de la disidencia interpretativa y, consecuentemente, política, y no está marcada por el sexo biológico.

La crítica feminista a la que me adscribo está orientada a precisar la conjunción entre las "recurrencias", las "restricciones" y las "reglas prescriptivas" adscritas al signo mujer. Indudablemente, ésta requiere detallar las dimensiones intersubjetivas de los discursos literarios y extraliterarios, para que estas posturas críticas no sean dejadas al azar. Las páginas que siguen encierran mi convicción de que la noción de los huecos narrativos de la estética de la recepción no es del todo productiva si la subversión formal no encuentra correspondencias concretas en el plano extratextual. Utilizar el cuerpo femenino como instrumento semiótico, capaz de convulsionar indistintamente las narrativas patriarcales, puede ser una empresa arriesgada para una lectura feminista que insista en articular las coordenadas socio-históricas que dan paso a modelos o experiencias subjetivas femeninas. Por ello, no creo pertinente que las lecturas feministas del próximo siglo deban ser orientadas a celebrar la poética de lo no-dicho como proponía Mary Gossy con su importante trabajo.[13]

---

[13] Mary Gossy, *The Untold Story: Women and Theory in Golden Age Texts*, University of Michigan Press, Ann Harbor, 1989. En este trabajo crítico, Gossy presenta una lectura alternativa a la persistente tendencia occidental de construir 'lo femenino' con el desorden y el caos mientras 'lo masculino' aparece ligado a los principios ordenadores de la cultura. Utilizando postulados de la estética de la recepción y el psicoanálisis, Gossy desmonta esta violencia representacional que etiqueta lo oculto y lo desconocido como femenino. Su trabajo ha sido crucial porque sentó pautas para desmontar cómo los hábitos de lectura habían sido diseñados para imponer significado sobre espacios que se resistían a una fácil incorporación dentro de narrativas patriarcales. En otras palabras, respetar la naturaleza indescifrable de estos deslices textuales (por ello, *undecidable*) resultaba imprescindible para

Mi contribución académica sobre el signo mujer en la sociedad castellana preindustrial se mueve en la otra dirección: la de contar historias. Historias que, al presentar un minucioso acercamiento a la construcción textual de personajes femeninos, comprueban que la energía que interrumpe con mayor efectividad la lógica del poder patriarcal se intensifica cuando se cristaliza a través de prácticas no erotizadas, aunque, paradójicamente, no pueden prescindir del cuerpo. El apostolado espiritual de las beatas, el trabajo de la pícara y la alta cotización de la función reproductora de las aristocráticas demuestran que la variedad de posiciones subjetivas femeninas no puede ser englobada mediante la incorporación simplista e ahistórica de planteamientos contemporáneos basados en dicotomías sexuales. La subversión provisoria del control patriarcal amerita contar las historias que hablan del momento preciso en que los referentes semióticos toman el control narrativo interrumpiendo la continuidad metafórica. Estos referentes le otorgan al signo mujer su especificidad histórica y temporal, mientras confirman la peculiaridad de su lucha y la inevitabilidad de sus derrotas. Si la idea de una hermandad femenina basada en la diferenciación sexual era inoperante en los siglos XVI y XVII, no puede afirmarse lo mismo de los binarismos culturales. Un texto literario se nutre irremediablemente de la polifonía de voces que compiten por legitimar su autoridad frente a la amalgama de discursos y prácticas que lo conforman. Por lo mismo, el escrutinio de la representación femenina en textos de autoría masculina debe comenzar por reconocer estas instancias en

---

descomponer ficciones masculinas como la virginidad, la maternidad o el matrimonio, entre otras. Personajes como la prostituta y la remendadora de virgos tejían y destejían la legitimidad de estos discursos apuntando hacia su fabricación textual.

que el "cuerpo" histórico de la mujer destruye la idea metafísica, la imagen de la Mujer. Precisamente, son esos ruidos los que desbaratan la sinfonía patriarcal y proveen nuevos acordes para el nacimiento del sujeto femenino que verá luz, en forma menos embrionaria, en las épocas posteriores.

II. DONES DEL ESPÍRITU
Y PLACERES DE LA CARNE:
LAS BEATAS COMO ENIGMA APOSTÓLICO

Contemporánea de Teresa de Ávila, la beata Mari Díaz formó parte del liderato espiritual de la población abulense del siglo XVI. Su participación en la renovación religiosa de Ávila se caracterizó, sin embargo, por el encierro. Desde su retiro interior y físico, la figura de Mari Díaz apela a las dispares generaciones de la feligresía. En este proceso, la humilde beata desarticula las clasificaciones que reservaban para las capas nobiliarias masculinas el papel protagónico en la dirección espiritual de la comunidad. Descendiente de labradores y, en su vida adulta, comprometida a expiar los males de su entorno a través del sacrificio personal y la clausura, Mari Díaz se convierte en intachable encarnación del ideal religioso a través del sufrimiento autoinfligido. Para la historiadora Jodi Bilinkoff, este abandono personal es indispensable para el reconocimiento de la beata como líder espiritual de la comunidad:

In 1564 or 1565, the devout Bishop Álvaro de Mendoza gave Mari Díaz permission to mortify herself further by moving from the house of doña Guiomar de Ulloa to a side chamber of the church of San Millán. She lived there until her death in 1572. Her decision to remain cloistered in a tiny room, subsisting on one meal a day, wearing rags, sleeping on a board with a stone for a pillow, and spending hours in prayer before the Holy Sacrament recalls the heroic ascetism of the stylite saints and desert hermits of late antiquity. In fact, she was sometimes referred to as varonil, or manlike. The early Christian monks built a city in the desert, and Mari Díaz, by living like a hermit in a church located right off Ávila's marketplace, succeeded in bringing the desert to the city. Her presence sacralized this corner of wordly bustle and activity.[14]

La imagen del desierto recoge gráficamente la paradójica intervención de esta singular mujer en su lucha por promover un modelo de piedad ascética. La austeridad, la devoción, el aislamiento y la humildad de la madre espiritual le garantizan la trascendencia del claustro hacia un radio geográfico de mayor amplitud sin tener que abandonar su celda. Es el pueblo abulense el que se vuelca hacia esta mujer penitente, en busca de consejos y plegarias, para resolver sus asuntos de mayor urgencia. Bilinkoff acierta en señalar que, a pesar de la árida estratificación estamental que divide la provincia abulense, Mari Díaz logra construirse una categoría social propia. Pese a ser una mujer sin linaje, Mari Díaz se convierte en icono viviente para enmarcar la religiosidad de un pueblo que vive bajo los límites de una compleja ortodoxia.

Dentro del repertorio de modelos de religiosidad de la sociedad preindustrial castellana, el carisma espiritual femenino es aceptado sin cuestionamientos cuando se asemeja a la ejemplaridad piadosa de la madre Díaz. La adopción de un magisterio apostólico es permisible gracias al proceso

---

[14] Jodi Bilinkoff, "The Holy Woman and the Urban Community in Sixteenth-Century Avila", *Women and the Structure of Society*, eds. Barbara J. Harris and JoAnn McNamara, Duke University Press, Durham, N.C., 1984, p. 77. El término varonil se usaba para todas las mujeres que llevaban una vida modelo. Para la época, cuando el calificativo "varonil" se le aplicaba a una mujer, éste denominaba la superación de la supuesta deficiencia femenina a través de prácticas ejemplares que coincidían con los modelos de virtud y recato diseñados por la ideología masculina.

de virilizar el cuerpo. La renuncia a sensaciones placenteras en el cuerpo son canalizadas a través del dolor que, a su vez, garantiza la purificación de la mujer que, convierte su espíritu, en uno varonil. El tormento privado garantiza una visibilidad pública que, más que fluir en consonancia con los ideales masculinos impuestos sobre la mujer espiritual del siglo XVI español, consigue invalidar cualquier forma de espiritualidad que se aparte de esta norma. La participación apostólica femenina se vuelve problemática cuando la misión religiosa aparece enmarcada fuera de los contornos de austeridad y dolor autoinfligido representados por la excesiva abnegación de la beata. El cuerpo mortificado de ésta no agrede la coherencia de los discursos anatómicos y filosóficos premodernos que basaban la identidad femenina en categorizaciones jerárquicas destinadas a demostrar la perfección del varón. Para Thomas Lacqueur, el hecho de que la identidad entre los sexos se definiera en términos de gradaciones exige que se suspenda la idea moderna de abarcar a ambos sexos como realidades biológicas independientes:

I want to propose instead that in...pre-Enlightenment texts, and even some later ones, sex, or the body, must be understood as the epiphenomenon, while gender, what we would take to be a cultural category, was primary or "real." Gender —man and woman— mattered a great deal and was part of the order of things; sex was conventional, though modern terminology makes such a reordering nonsensical. At the very last, what we call sex and gender were in the "one-sex" model explicitly bound up in a circle of meanings from which to escape to a supposed biological substrate—the strategy of the Enlightenment—was impossible. In the world of the one sex, it was precisely when talk seemed to be most directly about the biology of two sexes that it was most embedded in the politics of gender, of culture. To be a man or a woman was to hold a social rank, a place in society, to assume a cultural role, not to be organically one or the other two incommensurable sexes. Sex before the seventeenth century, in other words, was still a sociological and not an ontological category.[15]

La descripción utilizada por Bilinkoff para definir el apostolado de la beata Mari Díaz coincide con lo expresado por Lacqueur sobre las premisas de sexo y género sexual. Si bien la producción textual y social de la época preindustrial carece de los lentes epistemológicos modernos que hablan del concepto de diferenciación sexual como lo conocemos en nuestros días, ésta afirma la necesidad de acentuar los binarismos culturales que presentan el cuerpo femenino como una extensión deficiente del cuerpo masculino. Lacqueur recuerda que la autoridad cultural tendía a basarse en la proyección de significados estamentales, étnicos y religiosos, posteriormente extendidos sobre el cuerpo del hombre o de la mujer. Contrario a la idea de que toda mujer estaba subordinada al dominio patriarcal en la época preindustrial, Lacqueur sugiere cómo este proceso de afiliaciones desestabilizaba la concepción biológica como modelo exclusivo de identidad. Puesto que el concepto de género sexual está enclavado en el imaginario colectivo como la vía más certera para ratificar el nivel de perfección de la persona y, consecuentemente, su legitimidad sociocultural, era de esperarse que una mujer como la madre Mari Díaz ratificara los valores masculinos de la época reivindicando las deficiencias de su sexo.

Como construcción cultural, la categoría del género sexual muestra cómo se entrecruza con otras categorías que, aunque no aparecen directamente ligadas al cuerpo, también funcio-

---

[15] Thomas Lacqueur, *Making Sex: Body and Gender From the Greeks to Freud*, Mass, Harvard University Press, Cambridge, 1990, p. 8.

nan para marginar como no-sujeto a todo signo que no encaje con la posición dominante de los binarismos excluyentes. De la definición extraída del *Diccionario Covarrubias* resulta evidente que la obsesión con las beatas gira en torno a la necesidad de mantener las normas pautadas por la ideología religiosa. La aparente libertad otorgada a estas mujeres no sometidas a los rigores de la disciplina conventual, se justifica por la supervisión continua y no oficializada de una comunidad que defiende con celo sus valores religiosos. El desenvolvimiento espiritual aparece restringido por la definición oficial del apostolado religioso. El término beata subraya cómo las actividades piadosas deben ocupar el calendario de actividades cotidianas de estas mujeres. La ausencia de una minuciosa supervisión jerarquizada se justifica por una práctica de servicio comunitario ininterrumpido. A través de rezos y acciones de caridad, la beata se convierte en epítome de la cordura y el sacrificio desinteresado, asociado de manera tradicional al varón. En principio, la idea de la psicología moderna de que el género masculino está más inclinado hacia los placeres sexuales que la mujer tiene poca validez cultural en la época preindustrial. Para entonces, la mujer estaba asociada con los placeres de la carne, mientras que al hombre se le reconocía por su inclinación al cultivo de lazos fraternales conocido como amistad (Lacqueur 4). No es de extrañar que la definición aceptada del término beata confirme que la supervisión cerrada, característica del convento, quedaba al amparo de toda la comunidad de fieles que defendía los ideales de comportamiento "femeninos" diseñados para mantener una economía simbólica patriarcal:

Mujer en ábito religioso, que fuera de la comunidad, en su casa particular, profesa el celibato y vive con recogimiento ocupándose en oración y en obras de caridad...El nombre parece en sí arrogante, pero está muy recebido, no embargante que en rigor, *nemo in hac vita dici potest beatus*, como lo afirma Santo Tomas. Y assí se ha de entender largo modo considerando el recogimiento de su vida y tranquilidad de ánimo y el apoyo para alcancar la bienaventuranza. Aún los gentiles no concedieron que en tanto que uno vive puede llamarse bienaventurado teniendo por cierto este axioma *ante obitum nemo felix*.[16]

Dadas las estrictas expectativas culturales sobre el recato femenino, no es sorprendente que el primer compromiso de las beatas sea el encierro casero dedicado a la oración. El compromiso de mantener la castidad les permite, a estas humildes líderes espirituales, transmitir desde el seno de su hogar un mensaje de sabiduría espiritual ante una comunidad que mira su apostolado con sospecha.

Las beatas, en principio, menos sujetas a la disciplina conventual y a las exigencias de un confesor que les obligara a redactar sus experiencias religiosas, son menos susceptibles a la coerción inmediata de la religión institucionalizada, pero no están libres de ella. El *Léxico del marginalismo del Siglo de Oro*[17] demuestra que la percepción literaria de las beatas facilitaba el que se les estigmatizara históricamente mediante la construcción textual de una promiscuidad desmedida que ha llegado hasta nuestros días. Su potencial apostolado es distorsionado *a priori* hasta ser convertido en sinónimo de prostitución, engaño y robo. En los casos en que el ataque a la moralidad es menos severo, el nombre de beata mantiene las connotaciones peyorativas al aparecer asociado a la estupidez:

---

[16]Sebastián de Covarrubias, *Tesoro de la lengua castellana o española* (1611), Turner, Madrid, 1977, p. 202.

[17] José Luis Alonso Hernández, *Léxico del marginalismo del Siglo de Oro*, Universidad de Salamanca, Salamanca, 1976.

1. Según el texto de abajo se trata de algo insultante; quizá se trate de la prostituta pura y simplemente; y habría que relacionarlo con DEVOTA cuando aparece con el mismo sentido.

"¡Ay, señoras! contaros he maravillas, déxame ir a verter aguas, que como eché aquellas putas viejas alcoholadas por las escaleras abaxo, no me paré a mis necesidades, y estaba allí una beata de Lora, el coño puto y el ojo ladrón, que creo hizo pasto a cuantos grumetes van por el Océano" (Lozana, VII).

"Beata. —Irónicamente, y en significación contraria (a la recta de carácter clerical) llama el vulgo a la mujer, que fingiendo recogimiento y austeridad, vive mal, y se emplea en tratos y exercicios indecentes y perversos" (Aut.).

"Cara de beato y uñas de gato. Refr. contra los hypócritas que en lo exterior fingen humildad usando de ademanes y palabras mui compuestos y blandos, y en lo interior, son perversos, avarientos y ambiciosos" (Aut.).

2. A veces quiere decir tonto o bobo, en el sentido de inocente que se deja engañar con facilidad a causa de su exceso de confianza.

"¿Habéis visto? ¡Qué lengua, qué saber! Si a ésta le faltaran partidos, decí mal de mí, mas beato el que la fiara su mujer. *Terc.*— Pues andaos a decir gracias, no sino gobernar doncellas, mas no mis hijas. ¿Qué pensais que sería? Dar carne al lobo..." (Lozana, IX). (105)

En el imaginario social la visión despectiva de estas mujeres, acusadas de tener una moral resbaladiza, crece conforme la literatura de la época las presenta como objeto de burla o de precaución. La atención al estatus del cuerpo femenino funciona estratégicamente para opacar la importancia de otras coordenadas de poder responsables del protagonismo femenino en materias espirituales. El esquema maniqueo que encierra a la beata entre los confines representacionales de la perversión y la santidad ha impedido que se entiendan sus intervenciones de una manera más asertiva en el desarrollo de posiciones subjetivas femeninas. Una de las tesis que subyace en estas páginas es que el apostolado femenino comenzará a entenderse cuando éste se estudie lejos de su construcción en torno a los placeres de la carne, tradicionalmente ligados a la ambición y la promiscuidad, con que de manera arbitraria se le ha asociado al género femenino desde el comienzo de la historia judeo-cristiana.

El esfuerzo de la cultura establecida por mantener las manifestaciones de devoción femenina debidamente encarriladas subraya cómo la existencia de nuevas formas de espiritualidad en el seno de la ortodoxia religiosa desemboca en una gran ansiedad. La inclusión de la categoría beata en el *Covarrubias* es indicio de la popularidad de estas mujeres a comienzos del siglo XVII y de cuán necesaria resulta la supervisión de su apostolado ante la comunidad. Tanto la "tranquilidad de ánimo" como "el aparejo para alcanzar la bienaventuranza", aparecen textualizados como sus máximos objetivos espirituales. Éstos funcionan para garantizar que la mujer que salga de la ignorancia y el silencio no se desvíe de la norma religiosa ni de la economía genérico sexual que asociaba la gracia divina con el género masculino.

Al delimitar lingüísticamente las condiciones del apostolado de las beatas, la maquinaria patriarcal regula las posibles avenidas para desarrollar cierta autonomía. El rigor suntuario, la supervisión de los hábitos alimentarios y la aspereza de las prácticas devocionales forman parte de una retórica dirigida a sofocar el potencial del lenguaje del espíritu para alterar las jerarquías responsables de moldear los roles genérico sexuales. Frente a la intransigencia de los paradigmas oficiales explicitados en la definición del término beata, es evidente que el desarrollo espiritual autónomo femenino era difícilmente controlable. La inmutabilidad de las normas oficiales queda reducida a ser una voz oficial que intenta controlar la multiplicidad de avenidas expresivas derivadas del autodidactismo, la obediencia y la pobreza espiritual. Como categorías disponibles para negociar el cultivo de una autonomía espiritual femenina, su regulación es urgente para la cultura hegemónica. El hecho de que el *Covarrubias* insista en la preservación de la castidad para garantizar la autenticidad del apostolado femenino es indicio de que su función prescriptiva no puede disociarse de la regulación del cuerpo. En una sociedad cuya mecánica hegemónica descansa sobre la clara demarcación de los roles culturalmente asignados a la mujer, la presteza con la que el capital simbólico religioso puede ser manipulado para negociar nuevas formas de identidad sólo apenas empieza a descubrirse.

El recuento histórico de la espiritualidad de las beatas muestra que la experiencia religiosa es un fenómeno tan escurridizo para las autoridades eclesiásticas que éstas se ven en la obligación de desarrollar mecanismos para contener su potencial impacto ante la comunidad. La construcción textual de este fenómeno opaca la complejidad de la experiencia vivida por estas mujeres. Es sabido que a la mujer humilde que trasciende su condición social se la convierte en icono de los ideales del patriarcado. Su labor espiritual es encomiada públicamente. Lo contrario ocurre cuando las beatas utilizan sus cuerpos para hacer de ellos espectáculos grotescos donde se parodian las categorías de coherencia cultural. El carácter putativo de las normas impuestas sobre la mujer queda al descubierto porque dichas deformaciones acentúan las normas de la cultura establecida hasta llevarlas al ridículo. Desde una posición de marginalidad social, las beatas que interrogan los valores de la cultura dominante, a través de la exhibición pública de sus cuerpos, llaman la atención sobre su "carne" devaluada. Estas beatas logran reforzar cínicamente la visión negativa sobre el cuerpo femenino fomentada por el patriarcado. La estudiada transformación del cuerpo en un desagradable espectáculo social altera la nitidez con que funcionan los marcos interpretativos del patriarcado y, por tal motivo, las nuevas lecturas feministas sobre las culturas preindustriales han estimulado a que se reexamine la documentación inquisitorial teniendo en cuenta que todo discurso está poblado de futuros y pasados a la espera de ser articulados. Como ha propuesto Iris Zavala es urgente desmitificar y desenmascarar los usos ideológicos de los análisis tradicionales para dar paso a la incorporación de perspectivas disciplinarias que permitan el replanteamiento de las relaciones intersubjetivas y colectivas responsables dentro de lo que ha sido recogido u olvidado por el canon:

> Se trata hoy en día de encontrar, más allá de los propios enunciados, la intención del sujeto, su actividad consciente, o el juego inconsciente que se ha transparentado a pesar suyo incluso en lo que no ha dicho. De todos modos, se trata de recobrar la palabra no dicha o la palabra enmudecida, o la palabra bivocal, y de reestablecer el texto invisible que recorre el intersticio de las líneas en la mudez murmurante de la página.(29)

Esta "mudez murmurante de la página" ha llevado a Claire Guilhem a disertar sobre el hecho de que, en el siglo XVII, las enseñanzas femeninas aparecen en su mayoría calificadas de error en las narrativas inquisitoriales españolas. En esta época, la deformación del verbo femenino desemboca en locura ya que la beata es "víctima" frecuente de revelaciones y apariciones demoníacas que han de ubicarse en un contexto más amplio y problemático que el del trillado enfoque de transparencia referencial:

La acusación de ilusa y de iludente es una acusación forjada para mujeres. La ilusión no tiene sentido más que por ser propia de mujeres, ya que su naturaleza las predispone a la vanidad, a la tentación y a la mentira. La ilusión no es un delito femenino. Los mismos errores, puestos en masculinos, se llaman ser herético, ser alumbrado. El hombre es libre para elegir; la mujer, "atrapada" en una naturaleza de la que no es soberana, forzosamente es engañada. Pero esto es incluso darle demasiada importancia. Perseguir a las ilusas es concederles la palabra. Es hacer creer que lo que dicen es importante que pueden ser peligrosas. Los teólogos españoles son más sutiles, no discuten con las mujeres, las envían a la nada, a la locura que no es ni Dios ni el diablo, que no es más que el vacío de sus sentidos y de su naturaleza.[18]

El hecho de que los delitos inquisitoriales aparezcan codificados de acuerdo con el sexo de las penitentes indica que la desvaloración del cuerpo femenino operó como un mecanismo efectivo para borrar la activa participación femenina de la memoria histórica. Jean Franco, al igual que Guilhem, ha tratado de rescatar esta presencia del olvido y de darle el sentido oposicional que los archivos inquisitoriales y sus intérpretes les negaron a estas mujeres al calificarlas bajo el nombre de ilusas. No es de extrañar que el caso de Ana de Aramburu, en las postrimerías del siglo XVIII en la colonia de Nueva España, se asemeje a los mecanismos de represión femenina en la península.[19] Para Franco, es necesario ubicar el comportamiento femenino y su posterior textualización dentro de una dinámica cultural que muestre el impacto de

[18]Claire Guilhem, "La devaluación del verbo femenino", *Inquisición española: poder político y control social*, ed. Bartolomé Benassar, Crítica, Barcelona, 1981, p. 193.
[19]Jean Franco, *Plotting Women:Gender and Representation in Mexico*, Columbia University Press, New York, 1989, pp. 55-76.

los constructos que pesan sobre la mujer y las posibilidades de una cultura de resistencias a través de la práctica diaria. Refiriéndose a Ana de Aramburu, Franco comenta:

> What we know of Ana de Aramburu comes entirely from the records of the Inquisition trial, much of which was recently transcribed and published. In the introduction to this published selection, Aramburu is described as a *pícara*, and the editors read the trial as a picaresque novel. This modish reading obscures the fact that the trial is a drama or struggle over meaning waged between institutionalized male authority and informal and therefore illegitimate knowledge. On the one side, there was a rational system claiming monopoly, if necessary, by force. On the other was a woman who used the mystical performance in a bid to overcome her devalued status. To this end she made public prophecies, claimed to bear stigmata, and vomited blood copiously. Some witnesses claimed that the blood she exhibited was menstrual blood-if so, she symbolically used the very proof of women's inferiority to enhance her own status. (57)

Franco advierte que la estrecha correspondencia entre las narraciones inquisitoriales y la ficción es un reto para la mente crítica. La mano que textualiza estos relatos bajo la ilusión de transmitir informes verídicos elude fácilmente el hecho de que estas intervenciones son intentos dirigidos para acceder al dominio de la interpretación cultural desde la primera persona. Más aún, Franco recalca que cada cultura posee de antemano un conjunto de reglas que orientan la lectura de estos informes en una determinada dirección. Estas expectativas impiden ver estas intervenciones como gestos de resistencia, para hablar en femenino. Con nuevos lentes interpretativos, las demarcaciones disciplinarias impuestas sobre el cuerpo de la mujer revelan la posición de privilegio desde la cual operan las voces oficiales y sus pautas legitimantes.

Lecturas como las de Guilhem y Franco han impulsado el estudio del cuerpo como instrumento que permite desmontar la fabricación de significados impuestos sobre la mujer. Ambas especialistas han demostrado cómo a través de la manipulación de sus cuerpos, las beatas acusadas de ilusas logran traspasar simbólicamente las fronteras interpretativas que pesan sobre su cuerpo sexuado. Al recalcar que el arrinconamiento del verbo femenino responde a la necesidad de mantener el equilibrio de la autoridad eclesiástica y social masculina, estas nuevas lecturas inquisitoriales permiten un acercamiento crítico a la grotesca deformidad femenina. Ante el desprecio que muestran las lecturas tradicionales, en lo concerniente al cuerpo femenino como algo endemoniado, esta nueva óptica recalca la habilidad artesanal femenina para construir o desmoronar las ficciones patriarcales que pesan sobre ellas. En otras palabras, el cuerpo es el único instrumento accesible a estas mujeres para desarticular las relaciones de poder ya que no tienen más recursos que su marginalidad sexuada. Al contorsionar violentamente su cuerpo las beatas consideradas iludentes logran traspasar los límites simbólicos que justifican su subalternidad por ser mujer.

La tendencia a convulsionar el cuerpo para imprimir sobre éste nuevos significados es más propia de la Contrarreforma del siglo XVII que del clima de renovación espiritual vivido por la península en el siglo XVI. En su exhaustivo e imprescindible estudio sobre la espiritualidad española del siglo XVI, Marcel Bataillon ha demostrado magistralmente la necesidad de aproximarse a dicho fenómeno histórico con una actitud desapasionada que permita abarcarlo en toda su complejidad.[20]

---

[20]Marcel Bataillon, *Erasmo y España: estudios sobre la historia espiritual del siglo XVI* (1937), trad. Antonio Alatorre, FCE, México, 1950

Cada cultura posee una economía simbólica en donde el lenguaje toma el material de una zona de la cultura y lo transporta a otra. El desarrollo espiritual de la península en el siglo XVI mostraba ese clima de apertura. Mucho antes de que el feminismo hiciera su entrada en el campo del Hispanismo, Bataillon ubicaba a la mujer en una coyuntura histórica que le era favorable. Por ejemplo, el rol desempeñado por el Cardenal Cisneros para propagar la *philosophia Christi* que encandilaba el fervor religioso europeo, se traduce en resultados prácticos para la mujer. La regencia de Cisneros estimula la renovación de monasterios femeninos y masculinos que mejoran la calidad religiosa en el suelo español. No sin el recelo de la aristocracia del clero diocesano (Bataillon 4), la transmisión del espíritu erasmista a través de la reforma de las instituciones religiosas y culturales genera el cultivo de un tipo de ideal contemplativo personal. Facilitado por la traducción al castellano de libros de índole espiritual, lo que había sido el monopolio exclusivo de la erudición escolástica, se pone al alcance de una mayoría no marcada por el privilegio sexual, social ni eclesiástico.

Ante la democratización del conocimiento religioso, el carácter rígido de la espiritualidad escolástica que había invalidado la participación femenina en disputas intelectuales, sufre un revés. Las nuevas formas de espiritualidad postulan la posibilidad de una experiencia individualizada. La vida y la palabra de Jesús son puestas al alcance de un público del cual la mujer no se encontraba excluida. Si durante siglos el binomio mujer/ignorancia había sido culturalmente legitimado por la tradición escolástica medieval para silenciar a la mujer y para invalidar la coherencia de sus argumentos, las nuevas corrientes espirituales daban la bienvenida al liderato femenino precisamente porque esta falta de erudición académica aseguraba el encuentro y la comunicación con un Dios interior, menos sujeto a los ruidos del intelecto. Con particular interés, Bataillon destaca el caso de Sor María de Santo Domingo, beata de Piedrahita, sobre la que comenta:

> Esta hermana de la tercera orden dominicana...se hace entonces notable por sus éxtasis, durante los cuales permanece como muerta, tendida con los brazos en cruz. Siendo ignorante, tiene fama de igualar a los más sabios teólogos gracias a luces sobrenaturales. Se llama con tal certidumbre compañera y esposa de Cristo, que los dominicos se dividen en bandos al discutir el valor de sus revelaciones. El debate se somete al Papa, que encarga a su legado la tarea de examinar el caso de esta mujer con ayuda de los obispos de Burgos y Vich. Cisneros le es muy favorable. La investigación la deja limpia de toda sospecha, y sólo sirve para la glorificación de su santidad y de su ortodoxia. (81)

El fervor espiritual despertado por la beata de Piedrahita ante una privilegiada elite masculina libera a esta mujer del ostracismo social característico de las formas de piedad tradicionales atribuidas al género femenino. La capacidad visionaria femenina es equiparada a la gracia divina. Las habilidades sobrenaturales de la beata transforman sutilmente las jerarquías genérico sociales que colocan a la mujer bajo la instrucción masculina en materias espirituales o que la obligan a martirizar su cuerpo. Los sentidos de la beata se agudizan mientras su cuerpo permanece paralizado, "como muerta, tendida con los brazos en cruz", para recibir comunicaciones divinas. A la beata de Piedrahita se le describe a partir de una serie de características que entumecen su cuerpo como requisito para recibir los dones del espíritu.

Las expectativas genérico sexuales dictan las pautas que aseguran que las proyecciones imaginarias de la beata aparezcan encarriladas dentro de las limitaciones simbólicas de la cultura masculina del XVI. La presencia femenina se legitima mediante la ausencia de los sentidos. Sin embargo, la soledad del claustro se ve interrumpida por la presencia de hombres que aspiran a interpretar y ordenar los mensajes revelados en estos momentos de éxtasis divino. La iluminación espiritual desplaza la ilustración académica prefigurando una época ávida de revelaciones divinas, preferentemente comunicadas a la mujer. El desprestigio intelectual femenino, de manera paradójica, ha habilitado a la mujer en áreas no regidas por la erudición. Las experiencias transmitidas a través de los sentidos expanden la noción del conocimiento espiritual en todo su abanico de posibilidades. Éstas despiertan el interés y la devoción de los expertos en materias teológicas, aunque el alto clero se reservara para sí la tarea de decidir los casos de excepcionalidad. El caso de la beata de Piedrahita es cuando menos representativo de una embrionaria subjetividad femenina, en el ámbito de la espiritualidad en los comienzos del siglo XVI. Espiritualidad que no apela a la grotesca deformación corporal de las beatas posteriores del siglo XVII y que, por consiguiente, permite que la mujer mantenga un perfil digno en términos de su apariencia física. El hecho de que el apostolado de la beata de Piedrahita haya sido recuperado dentro de la ortodoxia española no debe minimizar su impacto como modelo a emular por otras líderes religiosas menos ejemplares, pero de manera similar puntuales en la redefinición de una tibia autonomía femenina. En un suelo en que las formas religiosas permanecían rígidamente supervisadas por una subyacente ideología genérico sexual que, aún en casos de una espiritualidad más abierta, llegaba al extremo de postular que "es mejor la maldad del varón que la mujer que hace bien",[21] el caso de la beata de Piedrahita es un

---

[21]Fray Francisco de Osuna, "Tercer abecedario espiritual", *Nueva Biblioteca de Autores Españoles* 16, Bailly/Bailliere, Madrid, 1911, p. 321.

estímulo para que se reestructuren las categorías de inteligibilidad cultural sobre la mujer. La sistemática búsqueda de una espiritualidad más íntima que ampliara los ideales del cristianismo acentúa la visibilidad femenina en materias apostólicas y le da una nueva fisionomía. Mientras la espiritualidad visionaria de la beata de Piedrahita se reserva para casos excepcionales, la práctica del recogimiento espiritual se convierte en una avenida menos exclusiva para purificar los deseos y pasiones humanas. Por ejemplo, el/la creyente que procura vivir una experiencia religiosa, en consonancia con los ideales religiosos del cristianismo reformado de principios de siglo, se beneficia de la circulación de manuales que presentan de modo minucioso la importancia de la oración mental. Este nuevo ejercicio espiritual expande el horizonte para adquirir la gracia divina con una actitud apaciguada con la que, raras veces, la tradición misógina asocia al género femenino. En su acepción más convencional y menos ofensiva para la ortodoxia, la práctica del recogimiento consistía en esencia en "impedir que los sentidos se derramasen al exterior, y en rechazar todo pensamiento, para llegar a un estado de quietud en que el alma, sin pensar ni en sí misma ni en Dios, se unía sin embargo a éste" (Bataillon 198). Aunque los defensores de esta nueva forma de diálogo con Dios no siempre fueran prudentes, fray Francisco Osuna sí es cuidadoso en recalcar que este espacio de aparente vacío mental en que los sentidos cooperaban para acercarse a la plenitud divina en ningún momento implicaba el repudio en contra de los signos e imágenes estructurantes de la fe:

> Aunque las cosas que viste tengan muy entera verdad, hallamos escripto que conviene á los que se quieren allegar á la alta é pura contemplación dejar las criaturas é la sacra humanidad para subir más alto y recibir más por entero la comunicación de las

cosas puramente espirituales, conforme a lo que dice Sant Cipriano: La plenitud de la espiritual presencia no pudiera venir mientras la corporal de Cristo estava presente al acatamiento de la carne apostólica. Sant Bernardo y Sant Greogorio é Gerson é todos han hablado sobre la ida del Señor al cielo para que viniese el Espíritu Santo se conforman a Sant Cipriano, diciendo que los apóstoles estavan detenidos en el amor de la sacra Humanidad, la cual era menester que les quitasen para que así bolasen á mayores cosas deseando la venida del Espíritu Santo. (322)

A pesar de todas las precauciones tomadas por Osuna para mantener el valor de la iconografía cristiana, su tenue crítica en contra del formalismo religioso es fácilmente distorsionada por los grupos que promulgan la necesidad de renunciar al recuerdo de la humanidad de Cristo para autenticar el acercamiento divino. El mensaje de purificación espiritual propuesto por Osuna tiene como objetivo colocar la espiritualidad genuina más allá del corpus semiótico y los rituales de comportamiento del credo cristiano. Sin embargo, este desapego es el punto de partida para el radicalismo espiritual propuesto por los iluminados del XVI, quienes se apartan de las recurrencias y restricciones que crean y autorizan el clima espiritual de la península.

En su valiosísima investigación sobre la espiritualidad española, en el siglo XVI, Antonio Márquez ha comentado que sin el iluminismo no podría entenderse la compleja problemática en torno al discurso religioso de la época.[22] Al comentario de Márquez habría que añadir, que sin esta "secta escurridiza", como en algún momento la llamara fray Alonso de la Fuente, tampoco se puede explicar la sistemática repre-

---

[22]Antonio Márquez, *Los alumbrados, orígenes y filosofía 1525-1529*, Taurus, Madrid, 1972, p. 18.

sión en contra de las beatas poco conformes con la normativa institucional religiosa. El proceso inquisitorial en contra de Isabel de la Cruz, por ejemplo, inaugura la tendencia a agrupar a todas las beatas bajo el calificativo de alumbradas. La fácil substitución del término "beata" por el de "iluminada" o "alumbrada" ha sido una innagotable fuente de confusión histórica, que recién ha comenzado a ser problematizada, gracias al caudal de información contenida en los archivos inquisitoriales. No todas las beatas eran alumbradas, ni ser alumbrada era sinónimo de dar espectáculos públicos como sugiere Franco (59). Ciertamente, para las líderes espirituales poco ortodoxas, la tradicional categoría de beata les era favorable porque facilitaba el camuflaje de su peculiarísimo apostolado evangélico. Al mismo tiempo, la misión de transmitir la palabra de Dios era sistemáticamente anulada porque las autoridades asociaban a estas mujeres con la estafa. Por tal motivo, examinar el rol que desempeñan el cuerpo y el espíritu, en su interacción cultural para promover un modelo más amplio y más digno de expresión femenina, es un proyecto urgente que apenas comienza.

A pesar de que las reformas iniciadas por el cardenal Cisneros a principios del siglo encomiaran la participación femenina en materias espirituales, los prejuicios renacentistas en contra de la mujer estaban lo bastante arraigados dentro del imaginario social para que toda enseñanza femenina fuera recibida con sospecha. Así lo demuestra el caso de la beata de Piedrahita. Su inusitada espiritualidad llega hasta la sede papal. Márquez, por otra parte, declara cómo el magisterio de Isabel de la Cruz también exaspera a los hombres de la Iglesia y de la Universidad que veían con desconfianza su inclusión en lo que sólo había sido territorio masculino. Con gran tenacidad, Márquez afirma la intransigencia patriarcal en contra las enseñanzas femeninas. Su observación de que, "en muchas denuncias se nota que no es error lo que preocupa al letrado sino que sea enseñado por una mujer" (143), es crucial como indicio de los prejuicios misóginos de la época. La deformación del verbo femenino a través del error funciona como herramienta del Santo Oficio para pronunciar el veredicto de culpabilidad de la mujer mientras oculta que el verdadero recelo está relacionado con la súbita atención dispensada a la mujer, como acertadamente sugieren Guilhem y Franco. En el caso particular de la península, a principios del XVI, la complejidad del apostolado femenino se vería minimizada sin el reconocimiento de un público masculino como principal destinatario del mensaje de las beatas. En el caso particular de las beatas Isabel de la Cruz y Francisca Hernández, el que su auditorio fuera primordialmente masculino y prestigioso, arroja luz sobre la premura para descalificar la palabra femenina. Verbo y cuerpo que, en un contexto histórico, son sinónimos de deformidad teológica e irreverencia socio sexual.

Las beatas de la Nueva Castilla: voces femeninas, público masculino

Las puntuales aportaciones de Márquez en lo referente a la identidad alumbrada de principios del siglo XVI, en el suelo de la Nueva Castilla, coinciden con las de Bataillon al ubicar el liderato femenino en una compleja coyuntura socio histórica que va más allá de los prejuicios basados sólo en una contienda de poderes entre el hombre y la mujer. Dado el gran número de conversos acomodados que profesan esta nueva forma de espiritualidad, la experiencia religiosa aparece intrínsecamente ligada a variables económicas y étnicas. Poco parece importar que un gran número de descendientes de judíos profesara el cristianismo con entera sinceridad. Como señalara Bataillon, el que algunos de los más activos propagadores del iluminismo fueran conversos (71), los hacía sospechosos de querer injuriar las certidumbres del credo cristiano desde una posición de poderío económico que hacía imperiosa su estricta supervisión.[23] El carácter multifacético de la experiencia religiosa privilegia el carisma femenino por considerarlo necesario para revitalizar la religión y la fe, pero esto no implica que el patriarcado religioso obviara que este don podía difuminar sus estrictas demarcaciones.[24] Márquez reconoce

---

[23]Según Bataillon: "Todas estas familias, especializadas en el manejo del dinero constituyen el elemento más activo de la burguesía española. Ya sea a causa de su inclinación más ardiente a las ocupaciones intelectuales, ya a causa de su poderío económico, ellas proporcionan al clero, según parece, un contingente desproporcionado con su importancia numérica en el seno de la sociedad española. Y en todos los países, la revolución religiosa encuentra sus más influyentes precisamente en la burguesía y en la porción más escogida del clero. Los cristianos nuevos de España aspiran tanto más ardientemente a la libertad religiosa cuanto más se sienten amenazados en sus personas y más todavía en sus bienes por la Inquisición, en la cual ven ante todo una máquina para hacer presión ante ellos", pp. 211-12.

[24] En el estudio de Márquez, la participación femenina ha quedado subordinada a la preocupación por distinguir el carácter radical del iluminismo castellano en comparación con otras corrientes coetáneas de espiritualidad europea. Según el crítico, es un error que la crítica haya explicado estas actitudes contemplativas dentro del contexto general de la reforma como un acto de confesión carente de intención opositora. Para Márquez, la singularidad de los alumbrados castellanos reside en su hábil recomposición de nuevas doctrinas cristianas, sin que este innovador credo doctrinal pueda ser identificado directamente con la disidencia: "Dentro de esta familia religiosa hay amplia cabida para la originalidad. El iluminismo hizo generoso uso de ella. Partiendo de Erasmo, los alumbrados castellanos interiorizan el cristianismo; frente a él, niegan el valor de las letras y del libre albedrío. Con Lutero, proponen la escritura y el Espíritu; contra él, niegan el valor del carácter mediador de Cristo, como única norma objetiva del conocimiento y la experiencia. En cuanto a la justificación, ésta no viene dada por una imputación de los méritos del hombre

que el discurso de la espiritualidad no mediatizada de los alumbrados vive anclado en una topografía social específica que abraza la disidencia como la vía de evadir las pesadas limitaciones sociales que les son impuestas. Consecuentemente, esta nueva corriente espiritual, a la que él asocia con cierto misticismo autóctono español, confirma que la defensa del discurso de la contemplación pura no debe desligarse de un contexto saturado de prejuicios y, a su vez, ansioso por revitalizar el carácter nacional con una nueva espiritualidad.

La afiliación entre los alumbrados y la tradición mística ha sido disputada por investigaciones posteriores a la de Márquez que temen que el carácter esóterico de la experiencia mística desplace la importancia política inmediata que significó la manipulación del lenguaje del espíritu. José C. Nieto sostiene que hasta que no se cuestione esta asociación entre la mística y los alumbrados "será imposible determinar la contribución de los alumbrados al mundo moderno del Renacimiento y de la Reforma".[25] Los planteamientos de Nieto sobre el carácter no místico de los 'dexados' son de suma importancia para calibrar la autonomía espiritual de las beatas y su renovado perfil social. Su interpretación subraya que la experiencia personal de los alumbrados desemboca en un modo de conducta y pensamiento práctico diseñado para ser aplicado a las situaciones concretas de la vida diaria

---

(de acuerdo con Lutero) ni por los méritos de Cristo (contra Lutero), sino por una vuelta mística a Dios, del cual hemos caído, no al pecar, sino al nacer. Doctrina del Pseudo Dionisio en última instancia, que Lutero condena diciendo: 'Dionisio habla más en platónico que en cristiano'", p. 175.

[25]José C. Nieto, "El carácter no místico de los alumbrados de Toledo", *Inquisición española y mentalidad inquisitorial: ponencias del Simposio Internacional sobre Inquisición*, Ariel, Barcelona, 1984, p. 410.

(419), que no siempre se ve en los místicos. Desde este punto de vista, la práctica unitiva de los iluminados pierde sus connotaciones extáticas, personales y esporádicas para entrar en el terreno colectivo de lo ético, habilitando a los seguidores de esta doctrina, para el cultivo de un desarrollo espiritual autónomo, continuo y sobrio. Para Nieto, el término "unión", derivado de la escolástica, sufre una significativa metamorfosis cuando los alumbrados lo convierten en el nuevo concepto de la "unidad". Esta tibia alteración lingüística supone un deliberado rechazo del credo institucionalizado. A pesar de la deficiente retórica con que se ve negociada, esta modificación transmite la idea de un cristianismo práctico y comprometido:

> Los alumbrados entrevieron algunas de las ideas religiosas modernas que pocos decenios después iban a hacerse de dominio público a partir de la Reforma. Es verdad que les faltaba precisión conceptual y terminológica, y que eran limitadas sus fuentes y no bastantes claros sus pensamientos acuñados aún en lenguaje religioso medieval; pero sus ideas apuntaban en la dirección del hombre moderno enfrentado a las doctrinas e instituciones eclesiásticas a la luz de su propia autoconciencia crítica en tanto que creyente y en tanto que capaz de poner en duda aquellas mismas instituciones y doctrinas. En la aurora de esa autoconciencia se abandonó el misticismo como método y cosmovisión, a la búsqueda en su lugar, de la luz del Espíritu divino en la conciencia humana en cuanto acto de libertad personal que experimenta a Dios y al alma no como unión de sustancias —tal el misticismo—, sino como acto de libertad de la conciencia individual y a través de ella. (Nieto 418)

El tropo de la unidad con Dios autoriza la defensa de una espiritualidad individual no mediatizada institucionalmente, que enaltece al creyente. La "propia autoconciencia crítica" se vuelve peligrosa para la ortodoxia porque atenta de modo directo contra el conjunto de signos y prácticas que dan cohesión a las jerarquías oficiales de la Iglesia. Teniendo como punto de partida un mismo lenguaje, la amplia política del amor divino sustituye la coherencia semiótica de la religión organizada cuestionando su estatus como norma exclusiva del conocimiento y de la experiencia religiosa. Amplia, y por lo tanto, imprudente, como la mujer.

La nueva política del amor rechaza las actitudes reverenciales de sumisión y humildad del catolicismo castellano. La idiosincrasia iluminada no sólo descarta el monopolio de interpretación espiritual reservado, con carácter de exclusividad, para los hombres de la Iglesia y del Imperio. Mucho más peligroso es el hecho de que se patrocinen enseñanzas y posturas de las que se puedan inferir que el amor de Dios en el hombre era Dios. Esta doctrina constituía un gesto de insurrección teológica ante los sectores más conservadores que percibían su filosofía como una amenaza en su contra. Poco importaba que la extensa noción del significado del amor estuviera anclada en el pensamiento oficial de Osuna en su *Tercer abecedario espiritual*:

> Sabemos sin duda que es tan poderoso el amor que lleva tras sí al hombre, cuasi sacando al corazón fuera de sus términos y poniéndole donde el mismo amor se pone; é como el amor de Dios sea más poderoso, también trae al mesmo señor consigo; en tal manera que pueda decir al mesmo Señor. Donde estuviere mi amor estaré yo; y como Dios sea impartible e indivisible, síguese que quien ama al Hijo tiene consigo al Padre y al Espíritu Sancto, cuyas riquezas, como están fuera del mesmo Dios, también las tiene consigo el que tiene a Dios, porque siempre trae consigo sus bienes. (493)

La arrogancia implícita en el afirmar de manera pública que la Santísima Trinidad como unidad "impartible e indivisible" habita dentro del creyente, "el que tiene a Dios", se traduce históricamente en la creación de conventículos privados en donde de modo clandestino se discutían los principios de la política del amor divino propuesto por los alumbrados. El carácter elitista de estos "soberbios" líderes religiosos se hace concreto mediante su rechazo a las prácticas sacramentales, a las devociones al santoral, a las órdenes monásticas y a la unilateral hermenéutica bíblica patrocinada por la tradición escolástica. Su arrogancia es mayor cuando se considera que las comunidades de alumbrados se reunían en torno a mujeres que predicaban la renovada palabra bíblica en estas reuniones privadas.

Para desenterrar de los archivos históricos la oscura participación de las beatas alumbradas es necesario cuestionar las categorizaciones de los magistrados inquisitoriales. La constante desconfianza producida por estas mujeres que se encuentran distanciadas de la inmediata supervisión eclesiástica es parte de la mecánica inquisitorial para suprimir la incipiente ebullición de identidades femeninas. La capacidad de movilizar a una clientela masculina de prestigio e influencia hace que el discurso espiritual femenino trascienda el plano personal para dejar su huella en el campo público. Si bien la historia de la espiritualidad afirma la importancia de la mujer en el desarrollo de las prácticas devocionales, la participación femenina estuvo primordialmente autorizada cuando concordaba con la promulgación del dogma religioso. La lectura de las narrativas inquisitoriales demuestra cómo el control institucional se ratificaba a sí mismo mediante planteamientos ligados al error. Sin embargo, en esta primera etapa alumbrada, los errores teológicos también pueden ser examinados en términos de sus ramificaciones sociales. La representación de un eros femenino poco controlado será un fenómeno posterior cuando el clima de aperturas religiosas comience a disiparse y el control de estas mujeres se haga imperativo para detener a la clientela masculina que auspicia su apostolado.

Las acusaciones formales en contra de las beatas del siglo XVI se construye en torno a la idea de una libertad sin límites. De los errores doctrinales pronunciados por Isabel de la Cruz paulatinamente se desembocará en la aparente promiscuidad de Francisca Hernández. En ambos casos, los inquisidores procuran transmitir la idea de que el retiro doméstico constituye un espacio íntimo que debe ser vigilado. En su excelente estudio sobre la sociedad preindustrial sevillana, Perry ha subrayado cómo las beatas despertaban, de forma simultánea y contradictoria, tanto la admiración por su autoabandono como el recelo comunitario por esta supuesta libertad. No es fortuito que Perry demuestre que, a pesar de su apostolado, a estas mujeres se les convertía en sinónimo de peligro.[26] Cuando la práctica del recogimiento espiritual de las beatas no concordaba con la postura autodespreciativa asumida por Mari Díaz, el patriarcado las consideraba figuras demasiado enigmáticas. Si a través de su abnegación comunitaria, la madre Mari Díaz había superado la marginalidad social de su cuna convirtiéndose en líder espiritual de su pueblo, hay que reconocer que su fama en nada alteraba los valores religiosos de su época. Su modelo de espiritualidad servía para fortalecer la hegemonía de las instituciones eclesiásticas masculinas. Su religiosidad terminaba reforzando el control masculino porque la experiencia íntima de Dios encarnaba en su propia persona los binarismos culturales y religiosos inofensivos al patriacado. Como icono viviente de piedad, Mari Díaz acentuaba la marginalidad femenina sin que su postura garantizara gesto oposicional alguno.

---

[26]Perry, pp. 97-117.

El espíritu como categoría semiótica desarma la correspondencia dialéctica establecida entre la beata cuyo sacrificio personal le gana el prestigio comunitario y las beatas cuyas enseñanzas desembocan en la renovación de la hermenéutica bíblica o en los placeres de la carne. La brillante interpretación ofrecida por Jantzen sobre la conjunción de las estructuras del poder, el género sexual y el misticismo cristiano refuerza la idea de que, para ubicar las formas de la subjetividad femenina a través de los discursos religiosos, se hace imperativo desarticular las implicaciones conceptuales de los modelos de santidad y perversión, heredados del patriarcado. La austeridad sexual encarnada por Mari Díaz, por ejemplo, ha de ubicarse dentro de la tradición occidental guiada por la premisa de que existe una dicotomía insalvable entre el alma y el cuerpo que responde a los ideales de la masculinidad, en el primer caso, y a la mujer, en el segundo. Siguiendo esa línea de pensamiento, el campo de la espiritualidad queda reducido a los que encarnen los ideales de masculinidad, independientemente de su sexo biológico, es decir, a los espíritus varoniles, como antes sostenía Bilinkoff. La acentuación de la sensualidad o la eliminación de la misma participan a la par en una cadena de agendas patriarcales dirigida a controlar la sexualidad femenina. No resulta extraño, entonces, que una de las exigencias que primaba sobre las mujeres consideradas varoniles fuera, precisamente, la castidad. La renuncia voluntaria a la sexualidad constituía la mayor prueba de virtud por parte de la mujer dada su supuesta naturaleza carnal:

The fact that women were conceptually identified with the flesh while men were identified with the spirit meant that the requirement of 'mortification' (literally, putting to death) of the flesh required even greater heroism from women that it did from men. This was specially true in regard to sexuality. As we shall see repeatedly, women were considered more lustful and sexually insatiable than men: therefore when a woman renounced all sexual expression, men were filled with awe. It was this above all that enabled a woman to become like a man, because it showed the extreme mortification of her weak and corrupt flesh. (Jantzen 54)

Los procesos inquisitoriales de Isabel de la Cruz y Francisca Hernández demuestran cómo la noción de regalos del espíritu se convierte en un vehículo para alterar las relaciones homogéneas de poder masculino y para construir un lugar de expresión individual, lejano del esquema del suplicio tan útil para las representaciones patriarcales sobre la mujer. Al no aceptar la idea de martirio sostenida por el imaginario religioso, las beatas alumbradas rompen "la metáfora de la historicidad" (Zavala 64) encarnada por el concepto de mujer varonil y sus variantes históricas. Tradicionalmente, la adopción de posturas metafísicas no coincide con la idea de impulsar el cambio en las formaciones sociales. Sin embargo, cuando esta tendencia a cultivar los dones del espíritu y a transmitir los mensajes de la gracia divina a un grupo de creyentes se halla fuera de los marcos conceptuales hegemónicos, lo que parecía ser una relación individual y personal, se puebla de significados políticos y colectivos. Cuando se ubica el apostolado de estas mujeres evangélicas, dentro de una economía religiosa basada en premisas génerico sexuales que sólo autorizan la presencia femenina a través del maltrato autoinfligido al cuerpo, es imposible ignorar la formación de nuevas posiciones subjetivas. Isabel de la Cruz jamás baja la cabeza para predicar. A Francisca Hernández se le caracteriza por el lujo, la elegancia y la opulencia de su entorno. Las historias de ambas mujeres pueden ser planteadas como la historia de la institución que las intenta callar, como la crónica de una censura contra la cual se imponen sus apostolados evangélicos y sus mecánicas particulares de expresión.

Isabel de la Cruz y las contradicciones del dejamiento espiritual para la autonomía femenina

El liderato femenino en la primera etapa del iluminismo está encabezado por la beata Isabel de la Cruz que, junto a Pedro Ruíz de Alcaraz, fue acusada de herética alumbrada por su adopción del dejamiento espiritual. Desde un punto de vista teológico la doctrina seminal de los alumbrados reza, que "Dios, por la Santa Escritura, y sin necesidad de ninguna otra autoridad o autoridades, revela en el corazón y la mente del creyente *la correcta interpretación de la Escritura y lo defiende del error doctrinal en ella*" (Nieto 414, subrayado suyo). Aunque la falta de indicadores genérico sexuales específicos en la anterior definición sugieren que el movimiento de los alumbrados no está asociado con exclusividad al género femenino, es evidente que la participación de la mujer aumenta el nivel de transgresión en contra de las normas establecidas. La falta de acreditación oficial de la nueva intérprete de la Biblia es, de por sí, una ofensa inaceptable ante una sociedad que, como sugiere Ian Maclean, y tantos otros, ve a la mujer como una versión imperfecta del varón debido a su inferioridad en relación con el hombre (31). El lenguaje de la revelación individualizada atenta contra la normativa médica y filosófica de la época que había incapacitado a la mujer para el ejercicio intelectual. Como puede deducirse de la anterior definición, una retórica que privilegia una percepción individual neutralizada, "el corazón y la mente", sustituye el discurso anatómico renacentista que postula el privilegio intelectual como consecuencia directa de la armonía de los temperamentos y humores. Este giro conceptual es importante porque disuelve los signos corporales que operan para legitimar la economía biológica a través de sus categorizaciones simbólicas. Los beneficios del espíritu, relacionados primordialmente con la mente y el oído, no tienen equivalentes metonímicos que permitan prolongar la cadena de desplazamientos patriarcales responsables por el ordenamiento socio-religioso en que la mujer es objeto de menosprecio.

Al afirmar que el don de la interpretación es el resultado de revelación divina en el corazón y en la mente del creyente, los alumbrados articulan su discrepancia espiritual dislocando las categorías de inteligibilidad religiosa que sostienen la ortodoxia católica. Esta individualidad reconfigura el espacio social designado oficialmente para la devoción, afectando el control, la unidad y la difusión de las doctrinas transmitidas por el catecismo. Ubicada en las inmediaciones de una formación social conocida, la nueva forma de comunicación divina facilita la redistribución política del cuerpo religioso. Para Michel de Certeau, este tipo de marginalidad espiritual consolida su postura oposicional al reinterpretar costumbres y creencias asentadas en el imaginario cultural bajo una nueva óptica que fomenta la legitimación de nuevos cuerpos sociales. Refiriéndose a los disidentes religiosos españoles que perseguían una nueva ruta para el desarrollo de su espiritualidad, De Certeau comenta:

> In Christianity, they articulated the experience of an else-where, but within the tradition they adopted. Neophytes, distant from the age-old way of thinking and acting of Spanish Catholicism, often inclined to free themselves from the formalism of the Synagogue and unwilling to fall into that of the Church, members of a scriptural intelligentsia that was

seduced by the Erasmian conception of an evangelical "body" and repelled by the doctrinal racism subjacent to the ranking according to the *limpieza de sangre,* readers of a Bible that they approached independently of its scholastic or established preambles—they introduced into "the letter" the technical and/or mystical play of a different "spirit." (22-23)

Según lo expresado por De Certeau, podría decirse que el magisterio de las beatas contribuye a la reformulación de los espacios sociales debido a su inscripción dentro de una topografía social específica. La presencia de un nuevo espíritu se ratifica por la aceptación de un cuerpo evangélico renovado en el que participan las mujeres. El lenguaje del espíritu tiene ramificaciones políticas específicas ya que va destinado a modificar las formaciones sociales que administran las prácticas religiosas. Poco importa que no haya pruebas judaizantes en contra de Isabel.[27] Su amenaza como líder apostólica no se debe a que quiera resucitar la fe de sus antepasados. Las autoridades temen a la práctica de un cristianismo dislocado, cuya diferencia no pueda ser fácilmente identificada a través de las fijas categorías católicas.

En la primera etapa de la persecución en contra de los iluminados, las acusaciones en contra de Isabel de la Cruz están basadas en el supuesto error de las premisas doctrinales del dejamiento espiritual. Denunciar la insubstancialidad de las

---

[27] Nieto ha comentado al respecto: "Es también importante subrayar que, si bien los alumbrados eran biznietos de los maestros de los españoles de la Cábala y quizás estaban al corriente de algunas de sus ideas, no queda en ellos traza de pensamiento cabalístico. Lo que hubieran aprendido a través de sus tradiciones judías, fue por ellos transformado u olvidado: un sincero cristianismo ocupó el lugar de su visión y prácticas judías. En su nueva religión buscaban al Dios del Antiguo Testamento como Dios de Jesús-Cristo, el Redentor y Salvador", p. 412.

enseñanzas de los dexados es el objetivo principal de los inquisidores que necesitan anular la legitimidad de la nueva práctica. Si para los expertos culturales, políticos y religiosos del XVI el desorden social no está ligado a 'lo femenino', esto se debe a que la diferencia entre los géneros sexuales les ofrece un camino muy angosto para domesticar la disidencia espiritual y sus ramificaciones políticas. Cuando Melchor Cano, consejero de Valdés, Inquisidor General, comenta que la raíz de los alumbrados "es haver leido la escriptura la gente vulgar" (Márquez 165), su intención no es otra que invalidar los filtros interpretativos de este "vulgo" autodidacta y acomodado que abraza la oración mental y el dejamiento espiritual como canales exclusivos para el conocimiento de lo divino.

Los implicados en la primera etapa del florecimiento del iluminismo persiguen un cristianismo auténtico que marche a la par de sus inquietudes intelectuales. La facilidad con la que el reciente núcleo espiritual descarta los principios del dogma católico sirvió como argumento inquisitorial para desautorizar sus propuestas y subrayar su supuesta incapacidad para ganar hegemonía mediante la maestría del conocimiento bíblico, a través de las revelaciones personales. Las cuarenta y ocho proposiciones que componen las denuncias recogidas por el Santo Oficio en contra de algunos que "se decían Alumbrados, dexados o Perfectos" que "dezían, conferian, y publicaban, algunas palabras que parescian desviarse de la común observancia de los fieles xristianos y de nuestra Sancta Madre yglesia e facian conventiculos particulares secreta e publicamente"[28] delimitan un esquema de regulación religioso que facilita la vigilancia y el control sobre estos rebeldes espirituales. El Edicto de Toledo de 1525 demuestra cómo los puntos princi-

---

[28]Edicto de Toledo, recogido en la obra de Márquez, p. 274.

pales del dogma cristiano se afianzan mediante la clara demarcación de lo que constituye "la otredad" dentro del repertorio de prácticas y actitudes espirituales. De igual manera, esta compilación permite perfilar la intervención de los alumbrados en relación con el control eclesiástico institucionalizado. Es significativo que la descalificación de las proposiciones de Isabel de la Cruz aparezca descrita con la misma retórica con que se invalidan las proposiciones de Pedro de Ruíz de Alcaraz y Gaspar de Bedoya, principales seguidores de la beata. Los teólogos las describen como heréticas, erróneas, falsas y, en alguna ocasión, hasta locas y contumeliosas (Márquez 276). Las represalias en contra de la mujer forman parte de la retórica de la deformación doctrinal, pero no pueden verse como un fenómeno ligado al género femenino con carácter de exclusividad. La pregunta que queda por explorar es hasta qué punto la práctica del dejamiento espiritual facilita la praxis apostólica como un terreno para desarrollar cierta autonomía femenina.

Durante la época medieval, la identificación simbólica de la mujer con el dolor y el sufrimiento de Cristo se convierte en su ruta de reivindicación y visibilidad personal. La asociación con el Dios humanado permite que las mujeres acentúen y dignifiquen su condición de inferioridad y vulnerabilidad social bajo el patriarcado de la época.[29] La imagen de Cristo como verbo encarnado y crucificado le ofrece al imaginario

---

[29]Ver el artículo de Caroline Walker Bynum, " '...And Woman His Humanity': Female Imagery in the Religious Writing of the Later Middle Ages", en *Gender and Religion: On the Complexity of Symbols*, eds. Caroline Walker Bynum, Stevan Harrell & Paula Richman, Beacon Press, Boston, 1986, pp. 274-75. Para Caroline Walker Bynum la centralidad de la imagen del cuerpo de Cristo, maltrado por el tormento físico, se convierte en una metáfora apropiada por las mujeres en la época medieval para afirmar su identidad: "Women saw the humanity-physicality that linked them to Christ as in continuity with, rather that reversal from, their own ordinary expe-

femenino medieval un modelo para adueñarse del sufrimiento y la autoabnegación, a través del estudiado préstamo a los modelos de piedad cristiana. Ha quedado demostrado que la apropiación de la figura de Cristo como icono sobre el cual modelar la identidad responde a la necesidad de articular concretamente la marginalidad vivida, y no a la fácil aceptación de los constructos masculinos que procuraban mantener a la mujer enclaustrada y en silencio. La concepción antropomórfica de Dios habilitó el poder de la mujer, ya que el sufrimiento de Cristo podía evocar metafóricamente el valor femenino. A pesar de su marginalidad sexuada, las mujeres con inquietudes espirituales se apoderan de la imagen del sufrimiento para construirse un espacio social legítimo, aunque no propio. El enlace mujer-Cristo constituye una efectiva manera de autorizar el apostolado femenino dentro de los confines de la ortodoxia y el patriarcado. De manera paradójica, este préstamo fue crucial para fortificar las cadenas simbólicas del patriarcado, e Isabel no se adscribe a dicha tradición para cultivar su espiritualidad.

El recuerdo de la humanidad de Cristo falla en su misión de interpelar a Isabel de la Cruz, conversa con inquietudes espirituales en el siglo XVI, quien rechaza este modelo de sufrimiento para articular su espiritualidad. La beata Isabel, procesada en 1529, prescinde de las imágenes religiosas convencionales para afirmar su identidad religiosa. Esta opción es representativa de que la práctica contemplativa le permitía ensayar nuevas formas de espiritualidad sin asumir las creencias fundamentales del fervor religioso institucionaliza-

---

rience of physical and social vulnerability [...] Thus women reached God not by reversing what they were but by sinking more fully into it. In fact and in image, suffering (both self-inflicted and involuntary) and food (both eucharist and fasting) were women's most characteristic ways of attaining God".

do, ni abrazar una ideología que sólo validaba a la mujer por el sufrimiento. Su amplio concepto de la fe cristiana le conminaba a abrazar una postura que repudiaba la autoabnegación, considerada una práctica "natural" ligada a la espiritualidad cristiana. Contrario a las expectativas de la época, la beata Isabel coloca la espiritualidad femenina en el espacio de la oscuridad, habitado sólo por Dios y el creyente, ya fuera hombre o mujer. La proposición número 12 del Edicto, calificada de "falsa y heronea, y escandalosa y herética", muestra cómo restar corporeidad al verbo religioso y supone un alto al monopolio institucionalizado de la hermenéutica católica:

> Que estando en el dexamiento no avían de obrar porque no pusiessen obstáculo a lo que dios quisiesse obrar y que se desocupassen de todas las cosas criadas e que aun pensar en la humanidad de Xristo estorvaba el dexamiento en Dios e desechasen todos los pensamientos que se les ofreciessen aunque fuesen buenos porque solo a Dios debian buscar e que era merito el trabaxo que en desechar los tales pensamientos se tenia y que estando en aquella quietud por no distraerse tenia por tentacion acordarse de dios.[30]

Si bien la cita anterior no debe entenderse como una reivindicación del género femenino, el planteamiento es muy radical porque elimina el rol de la Iglesia en las lides interpretativas. Dios es el camino verídico de autoridad social y ella llega hasta Él a través del dejamiento. Para las colectividades femeninas, la imagen del Cristo ensangrentado y martirizado sintetiza el modelo de piedad encargado de naturalizar los parámetros simbólicos accesibles a la mujer. La proposición alumbrada, por su parte, presenta las formas externas de devoción como

---

[30]Edicto de Toledo, *op. cit.*, Márquez, p. 276.

una práctica que entorpece la comunicación divina, "que estando en el dexamiento no avían de obrar porque no pusiessen obstáculo a lo que dios quisiesse obrar y que se desocupassen de todas las cosas criadas e que aun pensar en la humanidad de Xristo estorvaba el dexamiento en Dios". La suspensión de los sentidos como preludio ineludible para la comunicación e interacción divina sitúa esta práctica fuera del escrutinio eclesiástico: entre otras cosas, le quita movimiento y sustancia corporal. El ritual comunitario de signos y significados compartidos en las ceremonias eclesiásticas es sustituido por la callada experiencia individual, que sólo habla en la clandestinidad de los conventículos. La presencia divina se caracteriza por carecer de formas tangibles que se asemejen a las convencionales prácticas de devoción. De igual manera, ésta se aparta del mundo de profecías milenarias y revelaciones visuales de la beata de Piedrahita. La experiencia individual se construye como un privilegio posibilitado por el abandono de las prácticas de veneración ritualizadas y mediatizadas a las que el credo alumbrado califica como "obstáculos".

La práctica del abandono y la quietud no sólo supone un alto al control institucional de la espiritualidad, sino que es considerada como la única manera viable de recibir los dones del espíritu divino. El carácter iconoclasta del credo de los alumbrados llega aquí a su máxima expresión de rebeldía y desacato a la autoridad. La "quietud" de espíritu es contraria a la construcción del conocimiento escolástico, clave del poder jerárquico de la Iglesia. El misterio del que hablan los alumbrados está constituido por una presencia capaz de manifestarse en el ser humano sin necesidad de intercesores ni prácticas banales. En esta primera etapa, los fenómenos sensoriales destruyen en la relación intimista entre Dios y quien lo busca. El repudio a las imágenes —la de Cristo especialmente, pero no de forma exclusiva— es una manera de luchar por una identidad espiritual más orgánica que la ofrecida por las prácticas oficiales y, en consecuencia, menos sujeta a la supervisión. Para Isabel de la Cruz, este rechazo implica un distanciamiento del estereotipo de abnegación personal que, de modo tradicional, mantuvo a la mujer al servicio de los clanes hegemónicos, sin permitirle desarrollar una autonomía espiritual que no estuviera sujeta a la supervisión. No existen dudas de que la madre Mari Díaz pudo superar su inferioridad socio sexual como líder espiritual femenina porque se apropió de la imagen del sufrimiento del verbo encarnado para volcar su feligresía sobre su persona. Esta afiliación da fe de que la plurivalencia del lenguaje de los signos puede ser utilizada por los menos afortunados. Sin embargo, para una lectura que procure examinar la presencia femenina como eslabón que fomente el cambio en las formaciones genérico sexuales, la clave no está en la revitalización de los discursos tradicionales. El meollo se encuentra en la capacidad femenina para cuestionar, irrumpir, y rearticular un texto social más abarcador en sus prácticas y premisas estructurantes.

El magisterio evangélico de Isabel de la Cruz prueba la capacidad de las mujeres para convertirse en líderes espirituales con una presencia propia que no tiene que recurrir a la destrucción ni al maltrato del cuerpo. La doctrina alumbrada, constituye una práctica contrahegemónica porque atenta contra los principios estructurantes de la fe y la cultura. Los espacios de expresión religiosa y los canales por los que se manifiesta la palabra divina se disocian de los modelos corporales que desprestigiaban el cuerpo femenino. El liderato femenino a secas, aunque inquietante, no suponía una sospecha para el Santo Oficio a menos que amenazara los principios que organizaban, tanto el monopolio de los que administraban la fe, como las pautas para el ordenamiento sociosexual.[31] Las premisas genérico sexuales no pueden desligarse de este contexto, e Isabel las cuestiona con los regalos espirituales recibidos.

Una mirada a lo que pudo ser el apostolado de Isabel para promover un modelo autónomo femenino dentro del campo de la espiritualidad tiene que reconocer las amplias ventajas del amor de Dios para el desarrollo subjetivo del conocimiento y la interpretación religiosa. Sin embargo, este ejercicio contemplativo simultáneamente impone serias limitaciones para abogar por una praxis femenina. Al abrazar la fe como paradigma rector del contacto divino, la líder espiritual transforma su cuerpo, hablando de manera metafórica, en un canal de recepción por el que se manifiestan las enseñanzas divinas. Desde una perspectiva que articule la autonomía femenina dentro de una formación histórica particular, el problema no es tanto el que Isabel lograra despertar el celo inquisitorial por haber accedido a la palabra a través de sus enseñanzas. La complejidad del asunto reside en que el apego al espíritu no permite plantearse el problema de la intervención femenina desde una dinámica basada en una economía genérico sexual. El discurso del dejamiento se nutre del carácter polivalente del amor de Dios en el hombre, concepto demasiado abstracto para desarrollar en concreto una praxis social favorable para la mujer o, al menos, para las mujeres carentes del apoyo urbano del que gozaba la beata. Es decir, es casi imposible no advertir que las fuertes ataduras a una posición de privilegio socioeconómico facilitaron este aposto-

---

[31]Hablando sobre el control del Santo Oficio en torno al apostolado de las beatas alumbradas, Juan Eslava Galán reconoce con un fuerte tono de ironía que el celo inquisitorial variaba de acuerdo con la ofensa cometida. Por ejemplo, las historias ligadas a la promiscuidad sexual primaban sobre las acusaciones

lado. Más aún, este camino espiritual no parece ser viable para quienes no formaran parte de esta emergente y poderosa burguesía urbana. En principio, ambos sexos compartían el mismo potencial para alcanzar la gracia a través de la meditación callada y personal. Sin embargo, la política del amor de Dios propuesta por los alumbrados colinda con una plataforma de cambio social, basada primordialmente en el cuestionamiento del monopolio interpretativo de la Iglesia y sus demás jerarquías de poder. Al desequilibrar las pautas de autoridad consideradas como inmutables por la hegemonía religiosa, el nuevo credo se convierte en el espacio de lucha de los que sienten la violencia que contra ellos ejerce la ortodoxia y sus mecanismos de exclusión. Es importante notar que para este elitismo espiritual, la noción de identidad femenina permanece subordinada a la reestructuración de las formaciones religiosas, y carece de una corporalidad que identifique a las mujeres como seres sexuados. En otras palabras, el lenguaje del espíritu elimina las particularidades del cuerpo de la mujer. En el caso de Isabel, no se trata de apelar a la neutralidad genérica para defender su supuesta inferioridad por ser mujer. Su crítica a la economía genérico sexual está subordinada a su interés por vivir el cristianismo auténtico que el catolicismo, alegadamente, no puede ofrecerle.

---

de martirio personal: "La Inquisición se limitaba a reprimir los excesos y desviaciones de mayor bulto, especialmente si andaban por medio asuntos sexuales. Que una beata se propinara una tanda de cien latigazos antes del almuerzo no era preocupante; que abrazada por el divino amor tentara al maligno revolcándose con su confesor ya era más grave, pues no todo el mundo está intelectualmente dotado para discernir entre la llama del amor viva que aniquila los cuerpos y funde las almas, sin posible contaminación pecaminosa, dado que no hay tiniebla que resista este resplandor, y la mera calentura lujuriosa entre histérica reprimida y verriondo arcipreste." Ver Juan Eslava Galán, *Historias de la Inquisición*, Planeta, Barcelona, 1992, p. 164.

Un dato característico de los procesos inquisitoriales en contra de los alumbrados es el clima de hostilidad existente entre los acusados, sobre todo, en las mujeres sospechosas de herejías. La viva animosidad recogida por los informes inquisitoriales indudablemente revela que la presión de este organismo de represión eclesiástica entorpecía gravemente el cultivo de sentimientos solidarios entre los practicantes. Las premisas génerico sexuales estaban subordinadas al proyecto de erradicar a esta secta de supuestos herejes. La interrelación entre los acusados se ratifica por el hecho de que gran parte de la información sobre los acusados tiene que buscarse en el proceso iniciado en contra de otro acusado. No resulta sorprendente que el perfil más concreto que se tiene sobre Isabel de la Cruz aparezca esbozado en el proceso iniciado en contra de Pedro Ruíz de Alcaraz.[32] Contrario a lo que pueda afirmarse en contra de los demás acusados en relación con el clima de hostilidad entre ellos, la estrecha amistad entre ambos no se ve opacada hasta los años finales del proceso. En 1527 Alcaraz se ve obligado a confesar en contra de Isabel de la Cruz por encontrarse bajo el tormento inquisitorial. En 1529 se le confiscan sus propiedades y se le otorga la pena más benigna de acuerdo con la mentalidad de la época. Le condenan a cárcel perpetua, le obligan a llevar el sambenito y a "salir en auto con carroza y ser azotado públicamente en Toledo, Guadalajara, Pastrana y Escalona, poblaciones donde había dogmatizado" (1903: Serrano y Sanz 129).

---

[32]Remito a los lectores a la sinopsis ofrecida en dos partes por don Manuel Serrano y Sanz, "Pedro Ruíz de Alcaraz, iluminado alcarreño del Siglo XVI", en la *Revista de archivos, bibliotecas y museos* 1, año VII, enero 1903, pp. 1-16, y su segunda parte, aparecida en RABM 2, febrero 1903, pp. 126-139.

La condena en contra de Alcaraz es ilustrativa de las estrategias de la Inquisición para ganar prestigio ante la comunidad como una institución preocupada por el bienestar espiritual del cristiano. Si por un lado, el Santo Oficio proclamaba su altruismo perdonando la vida del acusado y procurando su conversión y vida (Serrano y Sanz 129), por otro, el cuerpo del acusado es el objeto de inscripción de significados culturales a través de los cuales la Inquisición "escribe" su poder como hábilmente ha señalado Foucault.[33] Es decir, la supuesta benevolencia de la Inquisición exige la humillación pública del acusado convirtiéndolo en un estigma social. La conmutación final de la pena, en 1539, está poblada de connotaciones ejemplarizantes ante la comunidad. Alcaraz queda obligado a residir en Toledo, "á rezar, los viernes los siete Salmos penitenciales en el Convento de San Agustín; los sábados el rosario; ayunar un día en semana y cumplir con otras penitencias" (1903: Serrano y Sanz 129). A través de la coerción institucional, Pedro Ruíz de Alcaraz se ve obligado a tener que abrazar las prácticas que con tanto ahínco había repudiado. La restitución moral de sus anteriores faltas concluye su capítulo en la historia de la heterodoxia alumbrada.

Los estudiosos de los materiales inquisitoriales desde Serrano y Sanz hasta Nieto no vacilan en afirmar que Isabel de la Cruz y Ruíz de Alcaraz merecen un capítulo aparte ya que su apostolado parece distinguirse por cierta autenticidad espiritual que no parece estar tan presente en el resto de los acusados. Para Serrano y Sanz, Ruíz de Alcaraz parece "haber sido el primero que profesó las creencias de los alumbrados de una manera sistemática: no mezclándolas con des-

---

[33]Ver Michel Foucault, *Discipline and Punish: The Birth of the Prison*, trad. Alan Sheridan, Vintage Books, New York, 1979.

bordamientos de groseras pasiones o con delirios de fanático vidente"(1903; 1). A la sombra de Ruíz de Alcaraz se encuentra Isabel de la Cruz, a quien éste considera su maestra en el arte de interpretación bíblica a través del ejercicio del dejamiento. No es fortuito pensar que los cargos que pesan en contra de Ruíz de Alcaraz sean compartidos por Isabel. El proselitismo que caracteriza a los 'dexados' es uno de los cargos que con mayor rigor pesa en su contra porque marca su alejamiento del seno institucional. La lista de errores contra el procesado comprende los siguientes puntos:

Negar la existencia del infierno.

Negar la presencia real de Cristo en la Eucaristía.

No venerar este Sacramento.

Decir que "las obras de misericordia e ayunos e otras cosas pías e semejantes, que no hay necessidad ni es bueno hazerlo".

Que nada valen las indulgencias y los perdones del Papa y que la contrición y las lágrimas por los pecados son cosas imperfectas.

Que si él se confesaba lo hacía solamente por cumplir con la plebe ignorante.

Que para salvar el ánima no ay necessidad syno de un dexamiento de si mesmos en Dios; e si pecare aquel que se oviese ansy dexado, que Dios lo permite, e que por esto no perderá su ánima; que no tiene que dalle cuenta della, pues la a dexado en El.

Que este amor de Dios ordena a la persona de tal manera que no puede pecar mortal ny venialmente.

Que es inútil la oración vocal y basta la mental.

Que los casados, estando en el acto del matrimonio están más unidos á Dios que sy estobiesen en oraçiones.

Que se burlaba de los Soliloquios de San Agustín, llamándoles fantaseados.

Enseñavan, syn ningun otro entendimiento, quel coraçon del honbre era Dios, y de aquí inferian que nuestro coraçon por Dios e a Dios por su coraçon, y quel sentimiento interior que tenian de Dios o de su natural o lo que en si hallasen, que todo hera Dios.

90

Tenian el amor de Dios en el hombre por el mismo Dios, diziendo a este proposito que Dios era uno y sin división, haziendo burla de quien andava obrando por otros meritos, o dezian: por mas merescer hago esto o lo otro.

Doctrinavan que toviesen una suspension en el alma, de toda cosa, e que estando el alma en esta suspension no se entrometiese la criatura a ver ni conoscer ni examinar cosa alguna.

No mentavan el nombre de Ihesu Christo, ni de Santa María, ni hablavan de la pasyon de nuestro Redemptor; antes la menospreciavan.

El dicho Alcaraz, como malo, hazia burla y se reya de las personas que abaxavan la cabeça al nombre de Ihesus.

Que negase el honbre y no cumpliese su voluntad, aunque fuese buena, por hacer otra que no fuese tan buena; y que si sintiese en su alguna floxedad o pesadunbre en el spiritu que no quisyese rezar, que no porfiase en rezar, syno que lo dexase; que los siervos de Dios avian de ser libres.

Enseñavan que se dexasen sus mugeres, marido e hijos y no curasen de sus casas ni haziendas, ni procurasen de ganar de comer, que Dios ternía cuidado dello.

Reprobaban las ymagines y hazian burla dellas e de las personas que las tenian.

Dezia que ¿de que servia tomar agua bendita?

Que el hombre no reze ni pida cosa a nuestro Señor, teniendo el rezar por atadura.

Que no se debian rechazar los malos pensamientos y las tentaciones.

Reprobavan las sciencias y reprehendian a los que las estudiavan.

Que los predicadores no avian de inquirir no estudiar lo que avian de predicar, por via de letras, syno en spíritu lo que Dios les ofreciese.

Que no hera bien que los honbres se metiesen religiosos.

Que el dicho Alcaraz e otras personas ydiotas y sin letras se davan mucho a la letura de la Bivlia, y muchas vezes se apartavan en lugares secretos, donde no podiesen ser vistos, a leer en ella, y le davan endentimientos nuevos.

Que Alcaraz daba á entender que tenía don de spíritu, diziendo
que veya e conoscia el corazon de los otros como en su propia mano.

Que Alcaraz y sus discípulos se apartaban de los demás fieles.
(1903: Serrano y Sanz 11-13)

Estas proposiciones, aparecidas en el expediente inquisitorial
formulado en contra de Ruíz de Alcaraz, dieron paso al Edicto
de Toledo de 1525. La doctrina del dejamiento espiritual permite la ruptura con el régimen de ideas y prácticas que componen el conjunto de prejuicios y preferencias cotidianas de la
época para los cristianos tradicionales. El inventario de las
nuevas actitudes y creencias reformula los aspectos que la
cultura establecida no cuestionaba al considerarlos privativos
de la naturaleza cristiana. Las diversas acusaciones en contra de Alcaraz muestran cómo su postura y la de sus
seguidores penetran en las fibras más hondas de las categorías adoptadas como innatas, a la vez que evocan los
numerosos antagonismos sociales que pasan desapercibidos
bajo el cristianismo tradicional. La última de las proposiciones, por ejemplo, el hecho de que "Alcaraz y sus discípulos"
se alejaran de la comunidad para practicar su credo, es por
una parte indicativa de su vulnerabilidad social. Por otra
parte, ésta destaca la posición de privilegio social que carac-
terizaba a estos líderes neófitos.

La actitud de ironía y sospecha en contra de los principios
fundantes de la fe se fortalece porque la Inquisición intenta
anular el respaldo que reciben los alumbrados por parte de
una clientela prestigiosa deseosa de discutir estos preceptos.
Según aparece en los informes en contra de Alcaraz, éste era
un empleado asalariado de un tal Don Diego López Pacheco
para que dirigiera discusiones de tipo espiritual en su palacio. Las rivalidades comunitarias entre alumbrados y los cristianos tradicionales recuerdan que el resentimiento hacia

esta nueva filosofía espiritual y sus adeptos no procede exclusivamente de las altas jerarquías de la Iglesia. La nueva espiritualidad logra rivalizar de igual forma con creyentes que habitan una especie de limbo ante la ausencia del rigor del credo católico y estas comunidades, en su mayoría, se caracterizan por carecer de recursos económicos. La protección garantizada por el Santo Oficio a quienes aportaran datos que llevaran al arresto de los implicados y al perdón de quienes confesaran su afiliación a dichos grupos —no se procederá contra ellos a castigo ni penitencia pública ni confiscación de bienes sino que les serán impuestas penitencias secretas saludables a sus ánimas— contribuyó a crear el excesivo clima de supervisión comunitaria característica contra estos "herejes" en esta etapa de la Inquisición.

El rechazo hacia todo gesto de espiritualidad externa ratifica que el carácter elitista de la secta constituía una de las mayores fuentes de desprecio comunitario. No resulta fortuito que las denuncias en contra de la beata Isabel y de Ruíz de Alcaraz provengan de los testimonios levantados en su contra por Mari Núñez, una cristiana vieja que servía en el palacio de los Duques de Mendoza de Guadalajara, y a quien se le conocía como la mala Núñez. Como tantos otros, esta criada queda aislada del círculo de "dejados" al no hallar una conexión sólida con la ética libertaria, utópica y pacifista de quienes predican una abolición de las excesivas ceremonias litúrgicas y sacramentales.[34] Muy distinta, sin embargo, es la

---

[34]Márquez, p. 68. Bataillon también se refiere al antagonismo entre la beata Isabel de la Cruz y Mari Núñez, "mala Núñez" según la apodaban los seguidores de la primera por haberla acusado de herejía ante el Santo Oficio. Contrario a Márquez, Bataillon se refiere de Núñez como "beata", y no como sirvienta. Lo que resulta evidente a través del recuento ofrecido por Bataillon es que Isabel de la Cruz parecía tener adeptos más prestigiosos que Núñez y una reputación más amplia. Ver Bataillon, p. 208.

declaración que presta el Padre Nicolás de Embid explicando el ideal de vida cristiano perseguido por Alcaraz en la renovación espiritual de su comunidad:

> Alcaraz decía que todas nuestras obras buenas procedían de Dios y quel onbre no podía hazer nada por sí, mas de subjectarse a Dios e conosçerse por nonada, e que este conosçimiento tambien lo dava Dios y que todo don bueno venia del Padre de las lunbres....Lo que colegía de sus platicas de los dichos en esto del dexamiento es que se ofreciese la voluntad y animo libre á Dios; que syempre estuviese en esta vela, porque ocupada el anima en otra cosa demas de las necesarias, era estar ociosa el anima para que todas las cosas se hiziesen por su amor e servicio, syendo buenas y necesarias, e que para esto era bien cortar con todo cumplimiento e demasía e negar los onbres sus quereres e pareceres por amor de Dios, examinando con prudençia cada cosa en que oviese de entender, porque Dios no se ofensiese; e que devia el onbre siempre andar contra sy venciendo nuestras pasiones, porque la naturaleza viciosamente nos ynclina. (1903: Serrano y Sanz 10-11)

De este informe inquisitorial lo que queda claro es cuánto perturba al Santo Oficio la ambigüedad conceptual que encierra el concepto de amor de Dios. La apaciguada declaración de Embid demuestra cómo el apostolado de Isabel y de Alcaraz fomenta el cuestionamiento de las limitaciones sociales y el deseo de configurar nuevos marcos conceptuales. La vigilancia en contra de Alcaraz y de Isabel se debe a que sus ideas proponen el acercamiento directo con la divinidad al mismo tiempo que interrumpen la continuidad ideológica sostenida por la religión oficial. En términos del objetivo espiritual como tal, paradójicamente, los planteamientos de Alcaraz no desentonan con los ideales del cristianismo renovado.

La práctica de la contemplación se convierte en un terreno fértil para la germinación de nuevas posiciones subjetivas que exigen la revisión de categorías cuyos significados parecían incuestionables. La política del amor no puede disociarse de la identificación de los mecanismos y procedimientos responsables por la producción y la imposición de "verdades" sobre el campo espiritual. El cuestionamiento de los ritos sacramentales, del monopolio eclesiástico en la interpretación bíblica, de la retórica, son las "verdades" contra las que se expresa la subjetividad alumbrada a través del dejamiento predicado por Ruíz de Alcaraz e Isabel. El alegado contacto personal con Dios les permite desarticular la continuidad ideológica aunque sólo sea de manera embrionaria. Lamentablemente, su alcance para romper las creencias y prejuicios conceptuales depende de la imprecisión con la que se formulen los nuevos postulados, como muestran los informes del Santo Oficio. El dejamiento le sirve de plataforma individual a la beata y a sus seguidores para cuestionar las prácticas y creencias institucionalizadas de la Iglesia Católica. Sin embargo, el concepto del amor de Dios en el hombre, como una vía cotidiana y práctica de asumir una autonomía espiritual, es demasiado hermético para ser traducido en premisas culturales concretas. Esta imprecisión, provoca el rechazo de las comunidades oficiales y la animosidad de un público que depende de prácticas y ritos delimitados en el ámbito de la cultura y la religión.

La imagen de la mujer errante, que los estudiosos de la Inquisición han querido reconstruir en torno a las beatas prominentes, tiene que ser rigurosamente verificada contra la red de relaciones sociales que bien limitan o estimulan su incipiente autonomía espiritual. Sin duda, el magisterio ejercido en conventículos representa un alto a la tradición misógina que invalida cualquier pronunciamiento femenino en materias de índole espiritual o intelectual. Sin embargo, puede verse que el agudo control ideológico genera una estricta vigilancia comunitaria también liderada por mujeres amenazadas por esta posición subjetiva representada por Isabel. Si bien es cierto que el apostolado femenino se hace sentir mediante una postura espiritual que permite cuestionar las restricciones oficiales que definen la relación con Dios, no hay que ignorar que este espacio, en que la mujer se convierte en sujeto agente, lleva consigo el rechazo de la materialidad del cuerpo sacramental, del cuerpo conceptual y del cuerpo femenino. Aunque estos desplazamientos de lo corporal son de carácter estratégico para legitimar una nueva subjetividad espiritual, hay que reconocer sus limitaciones para hablar de una autonomía femenina. Éste es el gran dilema con el que hay que enfrentarse al rescatar la presencia de aquellas beatas que, como Isabel de la Cruz, abogaron por una praxis que no tomaba en consideración la identificación genérico sexual del sujeto creyente para proponer una política de liberación personal. Sólo la receptividad y disposición interna garantizaban la promoción social y espiritual anhelada. Curiosamente, esta falta de énfasis en la corporalidad parece ser lo que impulsa su apostolado dentro del ambiente de reforma de Castilla la Nueva en las primeras tres décadas del siglo XVI, y su reconocimiento retrospectivo en el siglo XX. Bataillon detectó que la negociación de una posición subjetiva a través del discurso de una espiritualidad íntima dio sus mejores frutos cuando este apostolado aparecía desligado del cuerpo. Con una brillante frase por la simplicidad con la que está articulada, Bataillon compara a la beata Isabel con sus coetáneas y afirma: "La acción de Isabel de la Cruz es menos amplia y también menos turbia, pero quizá más profunda"

(208). Profunda, sí, porque su apostolado no encajó dentro de la lógica patriarcal que asociaba a la mujer sólo con la imagen de perversión carnal heredada de Eva ni con la imagen de un Cristo atormentado que ofrecía su cuerpo para ser torturado y redimir a la humanidad de sus pecados.

Francisca Hernández y la liberación del eros femenino

La breve semblanza que de Francisca Hernández esboza Manuel Serrano y Sanz muestra cómo la enigmática presencia de las beatas se desacreditaba con mayor prontitud cuando su fragilidad moral se ponía en entredicho.[35] El carisma de esta singular mujer ante su auditorio masculino difiere en mucho de la sobriedad proyectada por la beata Isabel cuyo comportamiento sexual nunca estuvo en tela de juicio. A Francisca, por el contrario, se le formulan cargos inquisitoriales por tendencias promiscuas, que la historiografía tradicional ha asumido sin ningún tipo de reservas:

> Mujer de las más célebres que hubo en España á comienzos del siglo XVI y personaje obligado en las causas que por entonces se celebraron en contra de los alumbrados, fué la beata Francisca Hernández. Encarnación la más acabada del iluminismo, secta para nosotros difícil de comprender, por la mezcla de una fe viva y profunda con groseras pasiones de la carne, Francisca ejercía una especie de fascinación sobre sus discípulos, y ¡cosa rara! los mismos que cometían con ella obscenidades sin cuento se arrodillaban ante sus pies cual ante una divinidad y la ponderaban como criatura á quien el Hacedor había enriquecido con mil perfecciones.(1903; 105)

---

[35]Serrano y Sanz, Manuel, "Francisca Hernández y el Bachiller Antonio de Medrano. Sus procesos por la Inquisición (1519-1532)", *Boletín de la Real Academia de la Historia*, XLI (1902), pp. 105-138.

La poca precisión que muestra Serrano y Sanz para referirse al carácter específico de los errores teológicos cometidos por Francisca Hernández es similar a la vaguedad que muestran los inquisidores para precisar el carácter dogmático de la ofensa religiosa en el siglo XVI. Sin embargo, su descripción no tiene pérdida ya que, la "fe viva" de la beata es contrarrestada por sus "groseras pasiones de la carne". Esta observación ilustra que la beata incomoda al Santo Oficio porque puede aunar dos esferas de la vida cotidiana que deben mantenerse por separado, que deberían ser mutuamente excluyentes.

Coetánea del grupo iluminado de Guadalajara, asociado con las proposiciones del Edicto de Toledo de 1525, la beata Francisca lucha tenazmente por desligarse de los planteamientos centrales de este grupo protegido por la elite aristocrática de la Nueva Castilla. Francisca Hernández es menos severa en contra de la hostilidad monástica, sacramental, y cristocéntrica de los seguidores de Isabel de la Cruz. Todo lo contrario. Su sensibilidad espiritual resulta menos sobria y, en consecuencia, más propensa a satisfacer sus caprichos económicos, estéticos y, tal vez, sexuales. La beata Francisca rechaza su afiliación con los que practican el dejamiento espiritual. Su idea del amor de Dios le permite caer en la extravagancia. Su comunicación con Dios es conducente al lujo personal y al prodigio, pues su credo afirma que la bondad divina no se encuentra en discordia con la prosperidad material. Si para el grupo de Isabel de la Cruz y Ruíz de Alcaraz ningún aspecto excede en importancia a la intimidad del contacto con el espíritu divino, para la beata Francisca, la manifestación externa de bienes materiales confirma las bendiciones de su comunicación divina ante la comunidad que la reconoce como líder espiritual.

El tópico misógino de la falsedad y del apetito sexual femenino permea las primeras acusaciones inquisitoriales formuladas en contra de Francisca en 1519. La excesiva "familiaridad" en su trato con frailes, clérigos y hombres laicos permanecerá en los expedientes del tribunal hasta lograr extraer la confesión de sus "debilidades" carnales en la década de los 30, tras un segundo arresto inquisitorial. Para la mirada oficial que busca trivializar la influencia de Francisca dentro de la jerarquía eclesiástica, es conveniente que sus virtudes espirituales aparezcan sepultadas bajo acusaciones de falsa discreción e hipocresía que acentúen su manipulación para fines personales de lucro. Al hacer mayor hincapié en la cuestionable moralidad de la beata que en sus talentos espirituales, sus perseguidores logran enfatizar la amenaza que esta mujer constituye para mantener el orden social. Su sensualidad opaca la importancia de sus habilidades curativas, su capacidad visionaria y su poder intuitivo para explicar la Biblia. Salvo en el caso de Ángela Selke, los estudios dedicados a los procesos inquisitoriales que pesan en contra de Francisca Hernández han fracasado en percibir cómo, en el ámbito social, esta dimensión paranormal promueve a la beata, ya que contribuye a aumentar su credibilidad ante sus devotos. Para la lectura aquí presentada, la posible inmoralidad de Francisca es mucho menos importante que el poder examinar su astuta manipulación de las coordenadas socio-religiosas que la hubieran obligado a canalizar sus habilidades, a través de un comportamiento humilde, sumiso y autodespreciativo.

Al tener una procedencia libre de sangre judía, Francisca se mantiene en buenos términos con el Santo Oficio al comienzo de su trayectoria religiosa. Al igual que el dejamiento espiritual de los alumbrados de Guadalajara no puede disociarse de su linaje converso, la ausencia de demostraciones ascéticas en la beata Francisca puede justificarse como un privilegio derivado de una herencia étnica, libre del asedio inquistorial. Si la religiosidad del grupo alumbrado se caracteriza por la quietud de una mirada suspendida como evidencia del momento de máxima receptividad espiritual, a través de la oración mental, Francisca buscará afianzar su subjetividad espiritual alejada de esta imagen de total abandono. El comentario con el cual fray Francisco Ortiz capta la sospecha que sienten los inquisidores contra la santidad de Francisca porque ésta "tenía los ojos demasiado alegres para ser beata"[36] es representativo de que, ante la oficialidad de la época, la espiritualidad no puede disociarse de la apariencia externa de la mujer creyente. A Isabel se le repudia por la suspensión de la mirada, a Francisca por la expresividad de la misma. Ambos extremos en la apariencia externa hieren la rigidez de los modelos religiosos de devoción para la mujer. A través de los informes inquisitoriales, es evidente que la mujer que recibe la gracia divina aumenta su reputación cuando en su cuerpo se inscribe la imagen del dolor. La obsesión de los jueces del tribunal con la apariencia externa de la beata sólo puede ser considerada como una preocupación superficial para el Santo Oficio, si no se considera su carga semiótica para impactar los modelos de inteligibilidad religiosa que disciplinan a la mujer. La atención que muestran los inquisidores sobre la vanidad de Francisca es indicio de cómo su espiritualidad estimula cambios en la manera de vivir la religión. Estas modificaciones interfieren directamente con la economía de género sexual que obliga a

---

[36]Ángela Selke, *El Santo Oficio de la Inquisición: Proceso de Fray Francisco Ortiz* (1529-1532), Ediciones Guadarrama, Madrid, 1968, p. 50.

la adopción del recato. Una vez comprobada la pureza ancestral de la beata, el énfasis en su poca austeridad respecto del comer y el vestir va dirigido a perturbar su considerable influencia dentro de la orden franciscana. Sus poderes mentales no sólo habían incrementado su prestigio dentro de la elite eclesiástica en lo referente a materias doctrinales. Estas habilidades también habían servido de justificación para una vida de sutiles extravagancias. Comportamiento éste, tan incompatible con la tradicional experiencia femenina religiosa, como con la radical quietud alumbrada defendida por Isabel de la Cruz.

La costumbre de Francisca Hernández de obsequiar a sus discípulos con suculentos banquetes y de estar, al recibirlos, elegantemente ataviada para conversar obliga a la revisión de los códigos masculinos que imponen la sencillez, la pobreza y el abandono como sinónimos de la espiritualidad femenina. Al recalcar que las experiencias externas de santidad no implican necesariamente la sinceridad de la devoción divina, Francisca se permite una vida holgada que le posibilita condenar como farisaica y arbitraria toda dependencia en una espiritualidad marcada exclusivamente por la modestia, el sufrimiento y la abstinencia. La investigación sobre los fenómenos religiosos en las sociedades preindustriales europeas ha hecho del tema de la autenticidad religiosa su tópico de mayor relevancia. En muchos casos, este apego no permite percibir que la importancia concedida a las categorías morales muchas veces oculta las luchas existentes para lograr acceso a posiciones menos periféricas en el texto social. La esperada equivalencia entre teoría y praxis ha reducido el comportamiento de Francisca a la trillada dicotomía franqueza e hipocresía. Esta división ha dejado muy poco espacio para indagar qué aspectos específicos dentro del orden social se ven perturbados por su comportamiento. La falsedad o autenticidad de su fe también puede ser estudiada como la hábil manipulación de una lógica cultural en la que hay cabida para lograr cierta autonomía.

La copiosa recopilación de datos inquistoriales que ofrece Ángela Selke en su estudio sobre el proceso del Santo Oficio en contra del monarca de los predicadores, Francisco Ortiz, es muy útil cuando se estudia a la beata en términos de su magnética personalidad. Las posibilidades subjetivas que se filtran mediante su no siempre intachable comportamiento fueron también el resultado de relaciones heterogéneas de poder en las jerarquías religiosas. La beata fue simplemente un escudo para que estos conflictos no trascendieran. En su lectura sobre la defensa de la conciencia individual demostrada por fray Francisco durante su encarcelamiento, Selke reconoce cómo el Santo Oficio se vale de la admiración que fray Francisco siente por la beata para deshacerse de él. Víctima de las represalias inquisitoriales, a causa de un discurso pronunciado en la iglesia San Juan de los Reyes de Toledo el 6 de abril de 1529, por la injusta encarcelación de la mujer a quien considera su madre espiritual, el eminente predicador —de origen converso— dedica los tres años de su encierro a redactar memoriales en que la defensa de Francisca se convierte en su grito de rebeldía individual. Sin embargo, Selke asegura que las altas jerarquías de la Iglesia utilizaron a la beata para eliminar a fray Francisco de la luz pública:

> Aunque la gran fama que fray Ortiz había adquirido, tanto entre el pueblo como en la Corte, sin duda acrecentaba el prestigio de la Orden, pronto se hizo evidente, a medida que iba aumentando el ascendiente de la beata sobre el predicador, que iba disminuyendo la influencia que sus superiores podían ejercer sobre él: tal

emancipación, por muy famoso que él fuese, debió resultar a la larga intolerable.

[...] La gran fama, por otra parte, que el predicador había ganado en tan corto tiempo no podía dejar de suscitar la envidia y la rivalidad de otros frailes de la Orden. Especialmente intensos fueron esos sentimientos en fray Gil López, predicador de cierto renombre también y, durante algún tiempo, muy devoto de Francisca. La enemistad de fray Gil llegó a su colmo...cuando en 1526 se enteró que el puesto de predicador imperial, que él codiciaba, fue ofrecido a fray Francisco Ortiz. Entonces, para impedir que éste lo tuviera, se lanzó...a azuzar las intrigas contra su rival y la beata.

[...] Otro motivo de distanciamiento entre fray Francisco Ortiz y su orden fue la tibieza que él mostró en la campaña antierasmista, la cual precedió a la Congregación de Valladolid (convocada en 1527 para examinar las obras de Erasmo). Los franciscanos, y especialmente los observantes, fueron por entonces los enemigos más implacables de Erasmo en España, y el predicador...solía elogiar la candidez del reformador holandés.

[...] Otro factor importante en la caída de fray Francisco fue, sin duda, la circunstancia de venir éste, notoriamente, "del linaje de los conversos." (62-64)

Tanto la orden franciscana como los oficiales del Santo Oficio cooperan para deshacerse de fray Francisco. Aunque Selke recalca que la beata fluye como una prenda que ratifica las relaciones de poder masculinas, la fuerza de su presencia dentro de una exclusiva elite eclesiástica es innegable. La devoción que los seguidores de Isabel de la Cruz le profesaban era clandestina. Todo lo contrario ocurre con Francisca. La admiración a la beata de los ojos alegres es de conocimiento público. En este sentido, su presencia resulta mucho más problemática, aunque ciertamente más controlable.

La influencia de Francisca sobre su auditorio masculino adquiere fuerza porque sus habilidades sobrenaturales pasan fluidamente del campo de la interpretación bíblica al prodigio.

Los dones curativos de la beata, por ejemplo, la convierten en viva encarnación de los regalos del espíritu. Para fray Francisco estas "maravillas" certificaban que la gracia divina había sido depositada en la beata, y lo obligaban a defenderla aun cuando su propia libertad estuviese en juego. La sabiduría de esta mujer carente de educación formal para explicar complejas materias teológicas ratificaba los beneficios sobrenaturales con los que había sido bendecida. En un fragmento recogido por Selke, resulta evidente que la admiración desbordada que fray Francisco siente por esta mujer tiene bases concretas, ya que expresa su deseo de que la alta jerarquía de la Iglesia la oyera disertar sobre asuntos religiosos:

> que más alto buela la sabiduría que Dios enseño en el ánima de esta sierva...que la que con mucha diligencia se saca de los libros. Porque, aunque no usava de los vocablos trillados en las escuelas, como sequidades, formalidades, relaciones de equiparancia y disquiparancia, hyposticación de sustrato, etc.,...pero el grano de la verdad, que después de muchas disputas los sabios averiguan, en tres palabras breves, llanas y apuradas lo dezía su merced, sin paja y sin polvo, sacadas del libro de su santo coraçon (donde como dize San Pablo, no con papel y tinta y péndola, más con su dedo que es el espíritu santo Dios tal sabiduría escribió. (99)

La admiración por la beata le permite afirmar a fray Francisco su desencanto con los entrampamientos formulaicos de la teología. Una simple mujer llega al "grano" en cuestión de "tres palabras breves" y sin "paja y polvo". En su breve declaración, fray Francisco toma la precaución de mezclar en su argumento un lenguaje sofisticado y un lenguaje más humilde. Desde su posición oficial de experto de materias doctrinales, fray Francisco rescata la aguda sencillez de la beata. Más aún, éste usa su presencia como emblema que los letrados deberían emular para llegar a un verdadero conocimiento, "el libro de su santo coraçón".

La lectura de Selke abraza abiertamente el objetivo de demostrar la entereza con la que fray Francisco defiende a su venerada mujer como la más alta emisaria de las verdades de su fe. En consecuencia, su proyecto se vuelve en un gesto desmitificador en contra del apostolado de Francisca Hernández. Basándose en la lectura de varios procesos inquisitoriales de la época, y primordialmente en el de fray Francisco, Selke al igual que los historiadores que la precedieron, presenta a la beata como una estafadora de pocos escrúpulos. La historiadora traza el desencanto del fraile en relación con su madre espiritual prestando atención al hecho de que Ortiz construye su defensa sobre los dictámenes de su propia conciencia. Fray Francisco crea un abismo tan insalvable entre su supuesto delito y la normativa teológica, que deja a los inquisidores sin otras herramientas que la prolongación absurda del proceso. La convencional estrategia de desacreditar moralmente a la implicada tiene poco éxito en el proceso. Los inquisidores desean que fray Francisco se retracte de afirmar que la beata era una santa. Él, por su parte, al final reconoce que posiblemente ella no fuera lo que él pensaba, pero que los beneficios que él recibió le ayudaron a aumentar su fe. Al defender con tanto ahínco el hecho de que sólo él puede saber lo que sintió en su propio espíritu al oír predicar a la beata, el fray desarma la lógica jurídica de los inquisidores. Como Selke señala, los inquisidores no tienen manera de penetrar en un espacio tan íntimo. La distancia histórica, sin embargo, permite que se aborde el problema desde otro ángulo. Esta nueva perspectiva sería examinar la habilidad de esta mujer para insertarse dentro de la sociedad de su época con los mecanismos que tiene a su alcance: sus dones espirituales.

Francisca Hernández ha pasado a la historia como una mujer vana y oportunista que supo manipular sus habilidades curativas y visionarias. Su dominio conceptual del corpus bíblico, sumado con sus otros talentos, le permite incursionar en un campo dominado por el hombre, aunque transitando por caminos que los clanes masculinos de poder consideran inferiores. La transformación del prodigio personal, en reconocimiento público, llama la atención no porque se premie como ofensa deliberada que arremete contra los valores de la época, sino porque impacta la normativa para los géneros sexuales. Para la nueva mirada crítica, el apostolado de Francisca se posibilita porque hay unas estructuras genéricas que le asignan a la mujer un lugar predeterminado junto a lo esotérico. Si los talentos visionarios y curativos de Francisca fueran puestos en masculinos, éstos serían indicio de tendencias judaizantes o moriscas.[37] Lo importante del caso de esta mujer es ver cómo logra invertir el esquema filosófico renacentista que ubica la cercanía de las mujeres a los fenómenos naturales para asegurar la inferioridad femenina. Francisca, por su parte, utiliza esta perspectiva tradicional pero le da un nuevo giro para negociar una promoción social. Las lecturas feministas contemporáneas han insistido en la importancia de desmontar los binarismos culturales que subordinan a la mujer a los esquemas racionalistas del hombre. Sin embargo, el caso de Francisca muestra cómo la mujer puede habitar positivamente ese espacio de inferioridad para subvertirlo, aunque sólo sea

---

[37]Jean Pierre Dedieu, "Los cuatro tiempos de la Inquisición", *Inquisición española: poder político y control social*, ed. Bartolomé Benassar, Grijalbo, Barcelona, 1981.

por un breve periodo histórico. La descripción que de Francisca ofrece Selke es importante para profundizar en los oscuros vericuetos que tiene que recorrer la beata para ganar cierta autonomía:

> Se decía que a la edad de tres años Dios le había revelado el misterio de la Trinidad; que nunca había cometido pecado mortal; que tenía el don de curar enfermedades graves mediante la aplicación de cintas y pañizuelos suyos; que podía leer, sin jamás haber aprendido este arte, el contenido de una carta a través del sobre sellado, y que conocía los pensamientos más ocultos de sus prójimos. Mas lo que por encima de todo se admiraba en la beata eran las interpretaciones de la Sagrada Escritura que ella, sin saber latín e ignorante de las más elementales nociones de Teología, solía ofrecer a sus fieles en las reuniones que continuamente tenían lugar en su casa.(Selke 46-47)

El repertorio de talentos de Francisca abarca indistintivamente áreas privilegiadas por la alta y la baja cultura. La beata asume su propia marginalidad social al hacer uso de objetos relacionados con una topografía social poco privilegiada para realizar sus curaciones de una manera poco ofensiva. Del mismo modo, ésta utiliza su propia ignorancia en materias teológicas y en el latín para subrayar su humildad. Sin embargo, más que acentuar su falta de aptitud para entrar en un exclusivo círculo de varones, su aparente sencillez la habilita para ser su mentora. Las bendiciones que alegadamente recibe la beata gracias a su sexo trabajan a su favor, pues la convierten en candidata ejemplar para recibir los dones del espíritu. Por ser mujer, incapaz para el desarrollo de su intelecto, según rezan los cánones culturales, la beata se aferra a la esfera de los talentos sobrenaturales, terreno demasiado escabroso para los hombres como fuente de legitimidad social. En el caso particular de Francisca, es evidente que ella se ampara en el cultivo de sus dones esotéricos para reformular la concepción de lo entendido como natural para los géneros sexuales. Su manera elegante de vestir y los banquetes que prepara para obsequiar a sus invitados marcan su estudiada distancia de los parámetros convencionales de comportamiento para una mujer con inquietudes espirituales. A las habilidades esotéricas de la beata hay que sumarle sus prácticas cotidianas en lo referente a su vestuario, imagen física y hábitos alimentarios. Desde el feminismo contemporáneo, Joan Cocks ha señalado la importancia que poseen los diversos gestos de oposición manifiestos en el diario vivir para llamar la atención sobre la arbitrariedad de lo considerado natural y, consecuentemente, llegar a impulsar nuevas formas de ser:

> A radical politics challenges these hegemonic truths in settings as open as possible and battles for room to exhibit its own different conceptions in public and private spaces. It acts always in a two-pronged way criticizing old forms and creating new ones, provoking popular debate on conventional thought and action and pursuing new thoughts and actions beyond the pale, inciting a desire for and giving birth to strange possibilities, extending in thought and practice the range of identities that the sexed body is permitted to take.[38]

Si me permito omitir, al menos por ahora, los frecuentes y virulentos antagonismos institucionales y comunitarios en contra de la beata es porque entiendo que existe un gesto político tangible detrás de su postura narcisista que se ve generalmente eclipsado en las lecturas tradicionales. Que toda política radical precisa transitar del ataque de modelos rutinarios a la pro-

---

[38]Joan Cocks, *The Oppositional Imagination: Feminism, Critique, and Political Theory*, Routledge, London and New York, 1989, p. 216.

moción de nuevas sensibilidades es la clave del argumento de Cocks. Mi argumento, basado en los planteamientos de Cocks y ajustado al contexto que nos compete, es que la presencia de beatas como Francisca Hernández ha quedado enterrada en los informes inquisitoriales, ciegos al hecho de que las transformaciones creativas emprendidas por estas mujeres pueden ser abarcadas desde otra óptica que no tiene por qué ser reducida a argumentos de índole moral. El rescate de la documentación inquisitorial es urgente en cuanto provoca nuevas interpretaciones que iluminan los mecanismos para evadir las restricciones del orden dominante y sus prácticas para regular la identidad genérico sexual dentro del ámbito religioso y, por extensión, en la sociedad en general.

La "santidad" de Francisca Hernández trascendía su arrogante apariencia física ante los ojos del fraile devoto. Si Dios obraba por ocultos caminos que habían puesto a la beata en su camino como el máximo ejemplo de inspiración intelectual y como viva encarnación de una auténtica fe, Ortiz no vacilaba en sostener la ineptitud de los organismos institucionales para entender los misteriosos vericuetos divinos andados por la beata. Tras años de intensas polémicas, su abrupta aceptación de todas las proposiciones en su contra, en 1532, reflejan que su vencimiento no es del todo un acto de sumisión pasiva. La infructuosidad de futuras discusiones, "ya que no ha de variar lo que los señores letrados sentenciaron contra cosas que escriba" (Selke 295), parece indicativo del abatimiento de Ortiz para continuar el proceso. Tras la primera entrevista de Ortiz con la beata, Francisca ofrece una cura milagrosa para el mal sexual que aquejaba el predicador durante esta época. Sobre el mismo, el predicador confiesa lo siguiente:

> Mi infelicidad y grave pelea de tentaciones, y digo que quasi por quatro años padescí una tentación penosísima y vergonçosa, que es que contra mi voluntad (aunque diese grandes bozes a Dios y me diese muchos azotes y pellizcos),y mísero y miserable, caya en polución estando despierto...Y parescíame que mil leguas anduviera por hallar remedio de mi fatiga.(Selke 42)

Es fácil observar, como sugiere Selke, que la humillación humana y el servicio a Dios prevalecieron en la vida de Ortiz, un hombre de profundas convicciones religiosas. La participación de Francisca en la vida del fraile revela cómo las distintas esferas transitadas por la beata la distancian del modelo cultural puesto en función para la mujer. Lo importante para esta lectura es observar cómo este "abysmo e hondura de los juyzios de Dios" se manifiestan en la vida del fraile a través de su encuentro con la enigmática beata. Al igual que en el caso de Isabel de la Cruz, la espiritualidad privada (no mediatizada) femenina es un espacio que tiene repercusiones comunitarias al influenciar a una prominente clientela masculina decidida a recorrer caminos poco consonantes con la cultura establecida. A esto debe su carácter subversivo. La admiración del predicador por la beata se mantiene viva hasta los últimos momentos de su proceso. En un fragmento tomado de la declaración final del acusado se puede notar su retraimiento para juzgar públicamente a Francisca, a pesar de que la propia beata ha confesado su culpabilidad en relación con algunos de los cargos que se levantaron en su contra:

> Dixo que considerando él con mucha deliberación que no tuvo revelación expresa de Dios que le mandase predicar lo que predicó en el último sermón contra el revmo. señor arçobispo de Sevilla, mas solamente sintió un instinto que él tenía por divino por las circunstancias que le acompañaban; yten, atendiendo al abysmo e hondura de los juyzios de Dios y que, como ha confessado, con el

tal instinto que no era possible conpadescerse illusion en él, ni tener por lo divino lo que no fuesse; [...] y con esta umilde subieçión se ofresce aparejado ansy para retractar lo que predicó, con todo lo demás que depende dello, como para çufrir todo el castigo que por su culpa le fuere dado.[39]

Cuando fray Francisco justifica su irreverencia a causa de la fuerza "del tal instinto que no era possible compadescerse de ilusión en él, ni tener por lo divino lo que no lo fuesse" resulta obvio que éste impone su percepción de la divinidad sobre cualquier criterio institucional que contradiga la magnitud de su receptividad. La devoción a Francisca se convierte en su escudo para atacar la rigidez de la ortodoxia católica.

A pesar de la censura inquisitorial, Francisca Hernández supo forjarse una identidad mediante argumentos religiosos canalizados a través de demostraciones visibles que ratificaban sus habilidades curativas, videntes y eruditas. Mientras la recuperación de su enigmática actividad religiosa permanezca atada a coordenadas éticas será imposible calibrar su intervención en términos de su rechazo al conjunto de especificaciones que dictaban para la mujer una vida sedentaria, humilde y austera si sus inclinaciones religiosas se desarrollaban fuera de los muros conventuales. Su poca preocupación por ocultar las libertades que se atribuía en el vestir, en el comer y en su abierto trato con los hombres es sin duda indicio de los privilegios a los que podía aspirar por el apoyo de un prestigioso círculo de la elite jerárquica y

---

[39]Ángela Selke, p. 295. Fragmento tomado del legajo de la audiencia del 3 de febrero de 1532 ante el inquisidor Mejía. Todas las referencias posteriores sobre el proceso de fray Francisco Ortiz, en relación con la beata Francisca Hernández, han sido tomadas del estudio de Selke. Cualquier otra fuente será indicada debidamente en las notas a pie de página.

social y por toda la información que podía ofrecer al Santo Oficio sobre prominentes líderes sospechosos de herejía.[40] En lo concerniente a su excéntrica personalidad se hace urgente reconocer cómo ésta es representativa de una sólida percepción de la forma en que los convencionalismos del género imponen significado y expectativas en el comportamiento público y privado de la mujer. Su aguda perspicacia para desmontar los prejuicios masculinistas impuestos sobre la mujer no debe seguir silenciada bajo la actitud teatral de la que se le acusa. Su postura rebelde lleva consigo un mordaz discernimiento crítico que formula su disidencia a través de los microprocesos cotidianos. El hecho de que las autoridades inquisitoriales carecieran de una sofisticada sutileza interpretativa no debe seguir siendo un obstáculo para que la crítica contemporánea examine los subtextos culturales que escapan a la unisonancia argumental de los memoriales y edictos oficiales. El hecho de que las acusaciones levantadas en contra de la beata fueran, en su mayoría, dirigidas a corroborar que no era una mujer casta comprueba que, mientras la obsesión con la sexualidad parece regir todo lo relacionado con el orden social, otras avenidas para negociar identidad permanecen poco problematizadas.[41] Si los críticos que se han

[40]Selke, p. 52. La investigadora hace referencias a la colaboración de la beata para ir descubriendo poco a poco "aquella capitanía apostática nuevamente fabricada" que se sospechaba hallarse detrás del movimiento erasmista e iluminista. Entre ellos se encontraban los Cazalla de Valladolid, pilares del movimiento protestante en dicha zona.

[41] La obsesión con la sexualidad femenina no puede ser considerada una constante en todos los casos inquisitoriales. No existen cargos en contra de Isabel de la Cruz, al respecto, no sólo porque su espiritualidad invalidara las demostraciones sensoriales, sino porque la ansiedad por su linaje converso constituía de por sí el mayor motivo de sospecha en su contra.

encargado de reconstruir la imagen de Francisca persisten en presentarla como ejemplo de un voluntarismo ilimitado "llena de malicia y espíritu vengativo, y libre incluso del muy humano afán de salvarse denunciando a los demás" (Selke 304) o de un excesivo carácter calculador, es importante que este retrato también incluya la vulnerabilidad social en la que opera la mujer dentro del patriarcado. Mientras se evalúa su alegada conducta perniciosa bajo filtros androcéntricos, 'muy humano afán', las lecturas inquisitoriales ignoran el hecho de que el hombre y la mujer responden a diferentes coordenadas de poder, particularmente, en lo relacionado con el cuerpo. Este desequilibrio es evidente en un pasaje que la propia Selke cita en su libro. En éste, aparecen las declaraciones de la beata en contra del fraile Pedro de Nieva, quien supuestamente trata de aprovecharse de ella, en repetidas ocasiones:

> Estando hablando con [ella] al tienpo que dezían la misa, la tomó la mano e se la llegó hazia sus yngles, diziéndole que le tentase un nasçido [furúnculo] que allí tenía; y que conosció [ella] que estava hecho un Satanás, porque le tentó un bulto por encima del hábito...Y que antes desto, estando un día en [su] casa fray Pedro de Nieva, se llegó a ella e le llegó las manos a sus pechos e dixo: '¡O qué santa, o qué santa!' E le apartó de sí las manos a sus pechos, e él le dixo: 'No lo hazía syno por dar fe de vra. pureza'.[42]

Si suspendemos por el momento la necesidad de determinar la veracidad o la falsedad de estas declaraciones en que se pone en tela de juicio la conducta del fray de Nieva, veremos la susceptibilidad social de la beata al enfrentarse con incidentes que tienen coloraciones sexuales. El ambiente sagrado

---

[42]Selke, p. 303. La investigadora ha tomado este pasaje de las actas del bachiller Pedro Medrano, el más íntimo amigo de la beata.

y colectivo de la Iglesia parece otorgarle al fray un amplio espacio para su cuestionable comportamiento. La beata, por el contrario, sujeta al mismo contexto circunstancial, parece entender que no tiene escapatoria para librarse de lo que le pide el fraile. Si las acusaciones de Francisca fueran ciertas, podría observarse cómo su consentimiento responde a la internalización de ciertos códigos naturalizados para la mujer en escenarios públicos. A la mujer se le enseña socialmente a guardar discreción y silencio antes de provocar algún escándalo social. El alboroto público es "propio" de hombres. Cuando una mujer lo inicia en escenarios solemnes es sinónimo de su pobre urbanidad social o de su tendencia irracional "femenina". Que la presencia de un grupo de personas congregadas no ofrezca garantías para evitar esta prematura versión de hostigamiento sexual es un problema que aún nos aqueja en nuestros días. Este problema sólo comenzará a ser abordado con rigor cuando se parta de la premisa de que, en efecto, existe un entrenamiento social específico que disciplina actitudes y normas de comportamiento en cada uno de los sexos. Las acusaciones de la beata ponen de manifiesto el limitadísimo espacio para su autodefensa. Sus argumentos serán refutados por los protectores de un sentido común ciego a las sutilezas culturales que dictan realidades dispares para el hombre y la mujer. Es urgente que la escolaridad feminista mantenga esta inseparable confluencia entre percepción individual y restricciones socio sexuales para asegurar que la parcialidad de estas nociones éticas quede al descubierto en su primordial respaldo al género masculino. Respaldo que sufre nuevas incisiones al fragmentarse por la presencia de otros correlatos sociales, como lo son la etnicidad, la afiliación religiosa, la pureza ancestral, la composición estamental que en la época preindustrial, tienen mayor relevancia que la dicotomía sexual de la época contemporánea.

La facilidad con que las beatas podían ser víctimas de cierto tipo de hostigamiento sexual ha quedado eclipsada por casos como el de Francisca Hernández en que la Inquisición logra verificar la existencia del delito, sin indagar en las circunstancias coyunturales del mismo. En el proceso en contra del bachiller Antonio de Medrano, las relaciones ílicitas entre éste y Francisca quedan al descubierto mediante informes tan gráficos como el siguiente, a cargo de un tal bachiller Alonso de Cabrera:

> La dicha Francisca Hernández se dexaba tocar e tratar lacivamente e morosamente, dexándose besar las manos por mucho espacio y el rostro á cierta persona, que la vio besar lacivamente e con mala intención; e que vió que esta dicha persona yendo una mañana, muy de mañana, á la ver a la dicha Francisca Hernándes, hazía algún frío, e que la dicha Francisca Hernandes le tomó de las manos e le dixo que venía frío que si se quería acostar allí con ella; e que vió que así vestido la dicha persona se echó en la cama con ella e que la retocó e besó allí.(1902: Serrano y Sanz 136)

La pesquisa inquisitorial está dirigida a formular cargos tanto en contra de Medrano como en contra de la beata por sus alegadas actividades sexuales con mutuo consentimiento. Descubrir la relación carnal de la beata con Medrano, originada en 1516, era uno de los objetivos principales de la Inquisición porque, paradójicamente, esta acusación moral parece darle visibilidad a los cargos de herejía que pesaban en contra de ambos acusados. La acusación levantada en contra de Medrano por parte del fiscal Diego Ortiz de Angulo comienza con este ataque a la credibilidad de Medrano mediante la acentuación de su promiscuidad:

[...] denuncio é acuso al bachiller Antonio de Medrano, clerigo beneficiado en la villa de Nabarrete,...,por herege apóstata de nuestra santa fee católica y domatizador y enseñador de errores y nueba falsa, dañosa y escandalosa dotrina en ofensa de Dios nuestro Señor e de su Santa Yglesia nuestra madre.

Primeramente, que el dicho Medrano, con mucha temeridad y sobervia, so especie de fingida santidad e hiproquesia, por que le toviesen por santo y no le culpasen su inhonesta comunicación y conversación que tenía con mugeres e por antes las engañar y traer a su propósito, dezía qur tenía una ynpecabilidad u que podía estar en una cama con qualquier muger sin detrimento de su virtud, porque ya Dios le havía quitado todo mal de sus miembros, y que el podía de su graçia comunicar castidad a la tal muger, y aunque se juntasen en una casa y cámara todas las mugeres para le hazer pecar que no le moverían á primer movimiento carnal, porque tenía don de Dios que le había hecho tanta merced que no conocía passion de pecado carnal alguno, dando a entender que tenía seguridad y gracia dada por Dios sobre la castidad de su persona, y que fiava tanto en la bondad de Dios que tenía seguridad de no pecar mortalmente.

Yten, que el dicho Medrano con la dicha temeridad y engaño y hipocresía dezía que si abraçava á las donzellas que les dava castidad, y que tenía esta gracia para dalla abraçando las mugeres...que tan bién se podía abraçar un dovoto con una devota desnudos como vestidos, que el paño no hazía nada sino la voluntad; y que esta meced y otras avia recebido de Dios despues que havia conversado con su hijita Francisca Hernandez, y que así en las tentaciones de la carne como en las otras flaquezas sentía él mucha mejoría por ella y que le avia hecho Dios muchas mercedes después que la conocía y que ella tenía una impecabilidad, y que todo el mundo estava falto y ciego por no los seguir, servir e obedecer y poner en sus manos su hazienda como a los pies de apóstoles.

Yten, que el dicho Medrano y la dicha Francisca Hernández decían con error herético que pensar en la pasión de Christo e ayunar e deciplinarse e otras cosas de penitencia, eran cosas baxas en conparación de las que ellos sentían, y despreciavan y apocavan toda abstinencia y encerramiento, y dezía el dicho

Medrano que los honbres que hazían los tales exercicios que eran baxos y que todo era baxo, y la vida de anbos predicava altísima libertad, y todo su hecho era dezir: amad a Dios, que el amor enseña; como los que se dizen alumbrados lo enseñavan con muchos herrores contra la fee y estimavan mucho su propia manera de bivir menospreciando los estados de los otros. (1902: Serrano y Sanz 126)

La acusación que pesa en contra de Medrano exhibe las gestiones discursivas para comunicar la mutua confabulación entre Medrano y la acusada para estafar a la comunidad y vivir una vida de desenfrenos eróticos, a través de la manipulación de los bienes del espíritu. Sin embargo, la narrativa no puede ocultar que Medrano ocupa una posición de privilegio en virtud de su sexo para orquestar los abusos sexuales dirigidos, en contra de mujeres crédulas que lo veían como su líder espiritual. Más aún, el informe inquisitorial no puede ocultar que la fama de Francisca Hernández trastornaba las prescripciones del patriarcado sobre la mujer. El lenguaje del espíritu habilitaba a la beata para infringir las leyes sociales y religiosas. La construcción de las prácticas sexuales en torno a la beata la coloca bajo la supervisión de los hombres de la Iglesia al igual que ocurre con sus ofensas dogmáticas. La función que ejerce la reconstrucción de las alegadas relaciones entre Medrano y la beata también deben ser estudiadas dentro de sus implicaciones no eróticas. Es decir, éstas funcionan para enmarcar los demás delitos sociales y desprestigiar a esta mujer, cuya influencia parecía mayor que la de líderes oficiales de la Iglesia, como puede verse a continuación:

Yten, que [por] el dicho Medrano y Francisca Hernández algunas personas despreciavan y dejaban el estudio y el exercicio de las letras y se hazian viciosos de regalados, diziendoles que el amor de Dios enseñava y les bastava y la gracia de la dicha Francisca

Hernández que era luz, y dixo á cierta persona que mejor hazía ir a servirla que leer en la glosa ordinaria en que estava estudiando y aconsejó á cierta persona que vendiesse ciertos libros de teología en que estudiava, y que del precio dellos hiziese algún servicio a la dicha Francisca Hernández.

Yten, que el dicho Medrano pedía muchas joyas, dineros y cosas muy preciosas para la dicha Francisca Hernández, y dezía á las personas que la yvan a visitar que se acordasen della, que por solo aquello les haría Dios muchas mercedes, diziendo que tenía ella especial privilegio de Dios para hazer por quien se acordase della y que sus abraços y las cosas que ella dava tenían gran virtud, todo por efecto de sacar dinero, y tuvo forma que cierta persona vendiesse su hazienda y gela diesse a ellos, el qual lo hizo así, y con los dineros de la dicha hazienda pagó el dicho Medrano sus deudas, y por mas traer a las personas a que la diesen dezía que hazía Dios merced a quien alguna cosa deba a Francisca Hernández en tomarlo ella, y todo quanto él podía aver era para ella y tenía cuidado de proveerla de lo necesario. (1902: Serrano y Sanz 125)

En las declaraciones que la Inquisición extrae de Medrano bajo la pena del tormento, éste revela que su relación con Francisca Hernández fue básicamente erótica: "Toda la comunicación de Francisca Hernández fue de carne, por concupiciencia de carne y de adquirir honrra e hazienda; le tocava las manos e pechos, aunque no tuve qué hazer con ella" (1902: Serrano y Sanz 109). La reconstrucción de aparentes sensaciones de placer invita a interrogar esta apropiación de la experiencia erótica femenina, por parte de quienes redactan el informe inquisitorial. Este cuestionamiento se vuelve urgente para la escolaridad feminista, en especial, cuando toda la retórica de la lascivia femenina contrasta gravemente con el hecho de que la virginidad de la beata queda constatada por un examen médico para verificar las declaraciones de Medrano en que confiesa que "nunca tuvo acceso a ella", a pesar del contexto lujurioso que caracterizó la relación entre ambos (Selke 300).

El motivo por el cual la beata se negó a consumar sus relaciones con Medrano no resulta tan importante como el medir sus implicaciones en una época, en donde la identidad de la mujer se define de acuerdo con la integridad de su cuerpo. Con la desubicación del cuerpo de la red de coordenadas discursivas operantes en el sistema de parentesco vigente en la época preindustrial española, la crítica caería en un ahistoricismo similar al del pasado. Los subtextos que escapan a la literatura más ortodoxa de la época no han podido ocultar cómo la virginidad y la castidad son construcciones masculinas para defender los intereses de los grupos hegemónicos. No hay duda que el íntegro cuerpo de la beata se convertía en su única arma para incorporarse dentro de un sistema de alianzas en donde sólo tenía cabida como líder espiritual adscrita al voto de castidad. Además de ser el método anticonceptivo de mayor eficacia, la relación que no llegaba al coito le permitía refutar las acusaciones de una vida privada libidinosa, en virtud de la integridad física de su cuerpo. Hasta el último momento, Francisca niega su voluntaria participación en todas las actividades concupiscentes de las que se le acusa. Una vez Medrano confiesa bajo el tormento del cordel y la jarra sus tocamientos con la beata, ésta confiesa que "ella pensava que la tenía aquella caridad que [ella] le tenía al dicho Medrano por Dios, y por eso lo consentía" (Selke 301).

Epílogo: el caso de Llerena

Si el discurso de una espiritualidad libre de la presencia de intermediarios oficiales dentro de la jerarquía eclesiástica puede incitar a la liberación del eros femenino, la validez social de estas aperturas tiene que ser confrontada con la brutal deformación de este fenómeno religioso. No podría concluir esta sección sin hacer referencias al universo de lubricidad pseudomística de los alumbrados de Llerena. En la recopilación del material inquisitorial que recoge Álvaro Huerga sobre la bacanal desaforada que experimentó la austera sociedad del campo extremeño, desde los años de 1570 a 1579, beatas ingenuas y clérigos promiscuos componen el grueso de la población procesada por delitos ofensivos al Santo Oficio.[43] La visión institucional que se tiene de las beatas que habitan en estas zonas como mujeres que "tenían por perfección padecer acceso carnal con el demonio, siendo súcubas, porque decían que les hacía fuerza, sin que ellas consintiesen, y salían de juicio, quedando como locas y arrepticias hasta que por fuerza les abrían la boca y les metían el Santísimo Sacramento"[44] difiere enormemente del solemne rol magisterial de Isabel de la Cruz, como de la elegante postura de su declarada rival, Francisca Hernández. Casi cuatro décadas más tarde, el entorno rural de Llerena y pueblos limítrofes presencian la existencia de beatas cuya descarrilada espiritualidad coincide con el sinsentido y el disparate. En los casos más extremos, con frecuentes orgías.

Los expedientes inquisitoriales tratan de objetivar las tendencias libidinosas en estas mujeres al asociar su discurso religioso con el contacto diabólico y con la "incli-

[43]Álvaro Huerga, *Historia de los alumbrados (1570-1630): Los alumbrados de Extremadura (1570-1582)*, Vol. I , Fundación Universitaria Española, Madrid, 1978.

[44]Jerónimo Gracián de la Madre de Dios, *Diez lamentaciones del miserable estado de los ateístas de nuestros tiempos* (1611), ed. Otger Steggink, Instituto de Estudios Políticos, Madrid, 1959, pp. 174-76.

nación" femenina de dar rienda suelta a los deseos carnales. Sin embargo, ese patrón descriptivo no debe ser un impedimento para observar la posición de vulnerabilidad que dicha caracterización oficial esconde para estas mujeres de humilde extracción social. El mayor atropello radica en colorear la credulidad de la mujer rural con connotaciones promiscuas cuando dicha ignorancia es la consecuencia directa de un primitivo, y en nada sofisticado, sentido interpretativo de enseñanzas religiosas. Surge de nuevo el desprestigio de la oración vocal por la oración mental, pero esta vez, el cuestionamiento de las prácticas sacramentales no parte de un estudio sistematizado de las mismas, sino de la ignorancia pueblerina. La insistencia en comulgar varias veces al día, de no guardar los ayunos penitenciales de la tradición católica y de aunar las prácticas contemplativas con deslices sexuales perturban el orden regional, pero no pueden ser consideradas posturas que aspiran a ningún tipo de renovación.

La incapacidad de elevar los postulados religiosos del plano literal al simbólico se muestra ventajosa para clérigos poco escrupulosos que ven en la mujer ignorante y devota el vehículo perfecto para aumentar sus bienes monetarios y para satisfacer sus deseos sexuales. La defensa del estado de las beatas por parte de estos clérigos es una acusación frecuente en contra de los maestros de esta secta. Por ejemplo, Hernando Álvarez, maestro de los alumbrados de Extremadura, es procesado por la Inquisición. Más de trescientas personas deponen en su contra. Uno de los puntos recogidos por Huerga, declara:

Defendía que el mejor estado de vida cristiana no era ni el de religión ni el de matrimonio, sino el de beatas; las va congregando en una especie de secta devota, les corta ritualmente los cabellos,

les impone obediencia absoluta y absoluto secreto y les promete
que el Espíritu Santo vendrá sobre ellas y hará maravillas de
sentimientos sicosomáticos. (Huerga 263)

Álvarez, al igual que otros clérigos acusados en la misma época,
explota la confusión que los principios doctrinarios causan en
las mujeres que sienten inclinaciones espirituales. Al reservarse
para sí el monopolio de la conciencia espiritual, a través de la
confesión exclusiva, estos clérigos pueden transgredir sin mayores obstáculos todo tipo de código de conducta moral. Ellos se
colocan en la estratégica posición de definir no sólo la naturaleza del pecado, sino de absolver a la penitente de su error. A
Cristóbal Chamizo, otro sacerdote procesado en el Auto de fe de
Llerena de 1579 se le acusa porque:

> estupró y llevó sus virginidades a muchas beatas[...], diciéndoles
> que no era pecado y que las absolvería de todo; y estuvo una
> noche acostado en su cama con tres beatas; además, les decía que
> si se sintiesen preñadas le avisasen, que él les daría con qué
> echasen las criaturas; y que si se hubiesen de casar, les daría con
> qué pareciese que estaban con su virginidad, y habiéndole pedido
> una de sus beatas este remedio, después de hecho y aplicado,
> volvió a tener cuenta con ella, diciendo que él quería probar que
> era verdad; usaba hechizos y encantamientos, y no quería confe-
> sar sino a las mozas, y obligaba a las tales beatas que no se con-
> fesasen con otro sino fuese con él.(Huerga 268)

Es cierto que la veracidad de estas acusaciones puede ser
puesta en tela de juicio. Lo que no puede pasar despercibido
es que "la libertad" de estas mujeres en ningún momento
puede entenderse como indicio de una promoción individual.
Al contrario, su separación de los círculos institucionales y
familiares acentuaba su vulnerabildad para convertirse en
fácil presa de sus mentores espirituales. Que ninguna de

estas mujeres del núcleo espiritual de Llerena logre una trascendencia apostólica es indicativo del aislamiento social de una zona rural incapaz de promover un ambiente intelectual preparado para desarrollar una crítica a partir de su marginalidad. Estudios como el de Huerza han intentado ubicar los abusos masculinos dentro de un contexto converso, pero lo cierto es que cualquier gesto oposicional étnico en esta región se desvanece debido a una subordinación estamental en donde, tanto hombres como mujeres, son reducidos a la cruda materialidad de sus cuerpos. Si las mujeres de esta región extremeña son fácilmente manipuladas, mediante el discurso de una espiritulidad no mediatizada, esto es sintomático de que el lenguaje espiritual sólo puede promover rutas para la individualidad cuando marcha a la par de otras coordenadas sociales. Esta conjunción permite plataformas concretas que interrumpen, aunque sólo sea fugazmente, las agendas de la cultura establecida. Si Isabel de la Cruz y Francisca Hernández aventajan a las beatas de Llerena esto se debe a que sus intervenciones se desarrollan dentro de un marco histórico religioso, en que su desventaja femenina se ve compensada por una relativa educación, dones sobrenaturales y, sobretodo, por el apoyo de sectores influyentes que veían en el liderato femenino el canal apropiado para lidiar con su propia marginalidad, usualmente relacionada con el linaje converso. Coyunturas históricas éstas, que no están presentes en el escenario de Llerena, caracterizado por la ignorancia que sólo halla expresión en las sensaciones instintivas como brutal reflejo de su inferioridad estamental.

III. ENTRE LA LABOR, EL MATRIMONIO Y LA SEDUCCIÓN: EL PEREGRINAJE DE TERESA DE MANZANARES

La incorporación de elementos teóricos vinculados al feminismo y a la formación del sujeto, en los estudios del Siglo de Oro, ha fomentado nuevas lecturas que inscriben a la pícara en un terreno interpretativo que rebasa las disquisiciones formales relacionadas con el punto de vista narrativo y la finalidad moralizante del género picaresco. La parcializada orquestación de los géneros sexuales, en las narraciones picarescas de protagonista femenino, ha estimulado a que la tan denunciada funcionalidad acartonada de la narración en primera persona sea abordada desde un ángulo interpretativo, en que los parámetros definidores del género literario se examinen a partir de las maniobras textuales generalmente ligadas a la construcción del género sexual.

Estudios anteriores a la incursión del feminismo dentro del campo del Siglo de Oro recalcan cómo la proliferación mecánica de textos apicarados genera un espacio narrativo habitado por personajes femeninos diestros en el arte de la vanidad, la avaricia y la promiscuidad. De hecho, una de las quejas que con mayor frecuencia aparece en la crítica literaria es que el espacio narrativo parece no concordar con las motivaciones doctrinales y demistificadoras del género picaresco, en sus etapas de máximo esplendor. Orientada a satisfacer las expectativas del público de la Corte, la novela cortesana, por ejemplo, dicta las pautas argumentales asumidas posteriormente por algunos textos ligados a la picaresca femenina. Para Pablo Jauralde Pou, las demandas de una audiencia urbana garantizan el éxito comercial de un género "repleto de empalagosos relatos amorosos que enredan a individuos de las clases privilegiadas."[45] Según el crítico, la necesidad de continuar una tradición narrativa inspirada en los relatos boccacianos y en el desarrollo de los motivos populares y folklóricos se acomodó al auge de la novela picaresca, cuyo éxito había usurpado el lugar preferencial ocupado por las ficciones pastoriles y caballerescas finiseculares. El espacio preferencial otorgado a los astutos personajes femeninos da fe de una nueva configuración ideológica perceptible por las nuevas exigencias del mercado editorial:

> El aire similar que rápidamente alcanzaran las muestras del género delata ese proceso de embotamiento que sufren los productos artísticos al elaborarse rápidamente, en serie, como una mercancía de consumición masiva en un mercado cada vez más amplio. Se satisface así al público, pero las variaciones se decantan cada vez más hacia el lado de la pura intriga sobre un fondo petrificado y lejano. (29)

Jauralde Pou advierte cómo el desgaste de las formas, "fondo petrificado y lejano", se ve compensado por la entretención de argumentos creados por mujeres cuya ambición llega al extremo de la crueldad con el fin de burlarse del "pelele de turno" (22).

El éxito tipológico de la mujer estafadora de la Corte parece satisfacer las exigencias comerciales de un público masculino ávido por divertirse a merced de la astucia dirigida

---

[45]Pablo Jauralde Pou, edición crítica de la obra de Alonso del Castillo Solórzano, *Las harpías de Madrid*, Castalia, Madrid, 1985, p. 21.

en contra de otros hombres. Este triunfo, paradójicamente, contrasta con la perspectiva crítica ofrecida por los especialistas del género picaresco que observan que la narrativa de la época sufre un serio revés estilístico. La opinión de eruditos como Jauralde Pou confirma que este protagonismo femenino aporta muy poco al desarrollo estético de la narrativa del XVII. Francisco Rico, por su parte, no menciona la estelaridad femenina, pero sus observaciones aparecen decoradas con toda la superficialidad indumentaria asociada a los personajes femeninos. La banalidad del atuendo expresa, de manera metonímica, la insubstancialidad de un producto literario desprovisto del diestro manejo del punto de vista narrativo como recurso aleccionador por excelencia. Dice Rico:

> La forma autobiográfica, tan cuidadosamente elaborada, tan significativa en el *Lazarillo* y el *Guzmán,* quedaba fosilizada al integrarse en el arquetipo genérico de la novela picaresca. Estaba disponible para todos: podía encarnársela en un organismo tan vivo o coherente como el imaginado por los precursores; o podía utilizarse como mero soporte convencional, como esqueleto del que colgar perifollos más o menos virtuosos, pero impertinentes o, en el mejor de los casos, innecesarios. Y hay que decir que prevaleció la segunda posibilidad: el recurso a la autobiografía como simple cajón de sastre al que no se ajustan los contenidos, marco disociado del cuadro, sombrerera donde se guardan zapatos.[46]

El pícaro como actor y el pícaro como autor ficticio se funden en un discurso en donde el lenguaje refuerza la ilusión realista por la cual el personaje transmite la interioridad que lo legitima como sujeto heroico. La ausencia de la voz íntima del narrador, por parte de los cultivadores del género, provoca

---

[46] Francisco Rico, *La novela picaresca y el punto de vista,* Seix Barral, Barcelona, 1970, p. 116.

una mirada nostálgica debido a la desintegración de los artificios literarios característicos del modelo original. Si la autonomía del personaje picaresco se concretaba en la coyuntura lingüística donde se aunaban "carácter y esquema literario" (Rico 111), la intrusión de personajes femeninos aumenta dicha disyuntiva.

A través de estas dos perspectivas, la participación femenina queda supeditada al ensamblaje narrativo y permanece poco problematizada más allá de los marcos de la exposición textual. Al afirmar que la caracterización femenina de la novela cortesana responde a modelos tipológicos carentes de interioridad, Jauralde Pou explica que la tibia presencia de inquietudes morales se debe sólo a la preocupación por aliviar el celo inquisitorial. El personaje femenino ocupa la intersección en donde coinciden el entretenimiento y la educación de un público lector prominentemente masculino. Su complejidad representacional responde a su trivial habilidad para romper la monotonía de la intriga amorosa.

La proliferación mecánica de textos apicarados de protagonista femenino, por lo general, se examina como parte de un fenómeno ligado a la pérdida de la coherencia literaria del género picaresco. De modo paradójico, los estudios literarios sobre picaresca femenina han sido codificados, a través de registros lingüísticos asociados con la vanidad y astucia, mecánicamente atribuidos a la mujer. El amplio repertorio de tretas seductoras de la pícara y su profundo conocimiento del mundo han sido propuestos como pautas diferenciadoras de su homólogo masculino,[47] pero raras veces estas características han sido formuladas como instancias conducentes a pro-

---

[47] Pablo Ronquillo, *El retrato de la pícara: la protagonista de la picaresca española del XVII*, Playor, Madrid, 1980.

mover modelos de autonomía femenina. Una vez planteada la necesidad de concretar los distingos pertinentes entre las "heroínas" de la picaresca y sus precursores masculinos, se han abierto caminos en la crítica para reconocer que el cuerpo de la pícara aparece de manera directa implicado en una red de transacciones simbólicas ajenas al héroe masculino. En 1979, Peter N. Dunn sugiere que, en efecto, la mera diferenciación sexual entre la pícara y su homólogo plantea una variación en cuanto a los roles del personaje que, consecuentemente, tendrá repercusiones en la estructura narrativa de la picaresca:

> In these novels there are no little girls put out to serve masters, as Lazarillo is put out by his mother. Then again, young girls do not leave home to seek a fortune on foot, as Guzmán does. Girls did not go to the universities or join the army or walk the streets looking for regular employment. All of these acts which obviusly may be performed by the young male, are just as obviously impossible for the young female of the 1600s, and so the novel which has a female protagonist will necessarily be different in shape and detail from that which is dominated by a *pícaro*. Whether or not the novel of the *pícara* can remain recognizably a branch of that of the *pícaro* is a question which will interest us as we attempt to follow these new developments.[48]

Aunque las protagonistas femeninas sigan apareciendo bajo la sombra del modelo establecido por el *Lazarillo* y el *Guzmán*, los planteamientos críticos de Dunn les confieren un perfil nuevo. La implícita división entre esferas masculinas y femeninas es un primer paso para reconocer que, entre estas dos manifestaciones estéticas, priman más diferencias

---

[48] Peter N. Dunn, *The Decline of the Spanish Novel*, Twayne Publishers, Boston, 1979, p. 113.

que similitudes. A pesar de que el discurso de Dunn presenta la noción del género sexual como una categoría descriptiva y no de análisis, su enfoque plantea las restricciones impuestas por el ordenamiento jerárquico de los géneros sexuales. Su discurso sienta tibiamente las pautas para que la construcción ideológica de la masculinidad y la femineidad ocupe una posición menos tentativa en los estudios del Siglo de Oro en lo referente a la picaresca femenina.

Al reconocer que las premisas que validan la caracterización de la pícara residen en latitudes distintas a las estrictamente ligadas al punto de vista narrativo, la tesis de Dunn abre la posibilidad de que la pícara posea una corporalidad distinta a la de su homólogo. Si se acepta que la construcción de los géneros sexuales actúa como una fuerza coercitiva que regula el comportamiento de los personajes femeninos, la vida errante que dimensiona las experiencias vitales del pícaro sólo puede ser codificada como un acto de transgresión al ser aplicada al personaje femenino. A través de la idea de la variación que suponen los personajes femeninos, Dunn ofrece una nueva perspectiva que no asume la precipitada asociación de los personajes femeninos con lo no auténtico, lo falso, lo superficial y lo cosmético. La presentación del personaje femenino como manifestación precaria del modelo masculino fomentó que se considerara a la pícara como el elemento negativo dentro de un conjunto de proyecciones alegóricas. Siempre asociadas con la falsedad en sus diferentes vertientes simbólicas, las pícaras han sido estudiadas en función de estos desplazamientos duales. Dunn interrumpe esta tendencia crítica al pedir la revisión de los aspectos materiales que debilitan dicha concepción simbólica.

La propuesta de Dunn ha sido crucial para dimensionar la complejidad de la representación de la mujer en la picaresca femenina. Como un ente literario con una fisionomía singular, ya que no enteramente propia, la pícara aparece a medio camino entre el género literario que le da vida y el género sexual que le permite una singular silueta narrativa. Para descubrir el valor de la picaresca femenina, es necesario descolgar "los perifollos" anotados por Rico para que éstos puedan ser observados bajo un prisma sociosimbólico. Para Dunn, la diferenciación sexual se convierte en un fenómeno ineludible para precisar las variaciones que ofrecen los personajes femeninos para la tradición picaresca. En 1970, Rico echaba mano de imágenes relacionadas con las prendas accesorias del vestir sin advertir que, aproximadamente una década más tarde, esos mismos trapos se convirtirían en signos claves para desmontar un tipo de lectura estereotipada en consonancia con las fantasías especulares del patriarcado. Examinar la construcción de la pícara mediante la organización simbólica del género sexual y de la voz narrativa confirma que la singularidad del producto textual va mucho más allá de sus aspectos formales. Esta lectura confirma que, en cuanto a su operatividad como signo literario, la pícara está saturada de prejuicios misóginos que reducen su presencia a ser un eslabón más en la cadena de referentes del patriarcado. Al mismo tiempo, su análisis literario permite ver tibias aperturas que resultan indispensables para articular la formación del sujeto femenino.

La importancia de la literatura como vehículo para el conocimiento histórico permite que la construcción de la pícara pueda ser examinada como un proceso polisémico en donde coinciden imaginarios sociales de identidad e identificación. La tradición de la picaresca femenina se caracteriza por un juego de voces narrativas en que las fronteras genérico sexuales son alteradas por un autor masculino que asume la voz de una mujer. La denuncia de este camuflaje ha sido productiva para problematizar la construcción de personajes que respondían a una visión tipificada hasta hace relativamente poco tiempo. Para Thomas Hanrahan, por ejemplo, el perfil de la pícara correspondía de manera unívoca con la posición de la mujer en la sociedad de la época:

> La mujer del mundo tenía su sitio dentro de una jerarquía bien definida. Las grandes capitales cual Madrid, Toledo y Sevilla eran los campos de su actuación. Circulaba entre la nobleza y la burguesía, cuidaba poco de la moral, tenía amores fáciles, vivía en la luz pública y vivía de su ingeniosidad. Si vivía de cuenta de un solo hombre era manceba, y la cortesana fue la que se limitaba a las clases altas. Buscona, era la mujer que salía con los hombres; y es ella el tipo más frecuente en la picaresca tardía. Buscaba en las grandes ciudades y universidades su medio de vivir acompañada por su galán a guisa de hermano. Su intento primario era separar a los hombres de su oro. Si vivía bajo el pupilaje de una Celestina era simple ramera. Ella también solía participar en la vida del hampa con los rufianes y pertenecía a su cofradía cual aquella presidida por Monipodio.
>
> La pícara siempre que puede evita los amores y utiliza sus encantos para desplumar a los ricos. Si le falta sensibilidad a veces, su tacto por el metálico es muy fino.[49]

La lectura de Hanrahan distorsiona el signo mujer al ubicarla en un entramado histórico cuya fuente primordial es, irónicamente, el mundo de corrupción presente en textos literarios como *La celestina*, "Rinconete y Cortadillo" y "El coloquio de los perros". La disolución de fronteras entre el producto textual y los fenómenos extratextuales que conforman la ilusión referencial encerrada en el concepto de verosimilitud utilizado por

---

[49]Thomas Hanrahan, S. J., *La mujer en la picaresca de Mateo Alemán*, Ediciones José Porrúa Turranzas, Madrid, 1963, pp. 37-38.

Hanrahan dificultó lecturas que permitieran ver cómo la inscripción del género sexual estaba poblada de significaciones sociales que iban más allá del mero ejercicio descriptivo. Estudios orientados en el feminismo y en la narratología, por ejemplo, han demostrado que la falta de interioridad de los personajes femeninos es el producto de sofisticadas maniobras en el discurso textual que intentan domesticar el comportamiento femenino. En este sentido, los estudios de Edward H. Friedman y Anne J. Cruz marcan un hito por su manera de articular la dinámica represiva entre voz narrativa y autor. Con la lucidez y rigor que los caracteriza, ambos especialistas abordan la picaresca femenina desde el tejido mismo de su construcción narrativa. En consecuencia, la imagen de la pícara como producto artesanal astutamente elaborado contrasta con la convencional imagen de la pícara como una estafadora sin escrúpulos sugerida por Hanrahan. A pesar de que el retrato de la pícara encarna las variantes simbólicas ligadas a la corrupción y el engaño, asociadas de modo tradicional a la visión oficial de la mujer en el Renacimiento, la perspectiva ofrecida por estos estudios desarma sin ambages el proceso de fabricación de dicha maldad, a través de la manipulación de un lenguaje poblado de historias y prejuicios. Dada la síntesis evasiva y los patrones irónicos de la narración de la picaresca femenina, la disolución del tropo de la interioridad queda expuesta como una hábil maniobra de los autores. Poco importa que la audacia verbal y corporal sea la característica que generalmente acompaña a las pícaras como carnet de presentación. La palabra final se inclina a fortalecer el mundo masculino configurado por el autor.

Los proyectos investigativos de Friedman y Cruz se distinguen por subrayar la poca validez de postulados que celebran las aventuras y comentarios de la pícara como instancias liberadoras a través del discurso literario. La usurpación de voces femeninas por parte de los autores de la picaresca femenina se convierte en un mecanismo de represión que ratifica los prejuicios masculinos sobre el género femenino. La envergadura del signo lingüístico prima sobre la vida acelerada y moralmente cuestionable de la mujer dedicada a burlarse de los hombres. Para Friedman, por ejemplo, podría hablarse de aperturas en el discurso, pero sólo a partir de la duplicidad del mismo, es decir, del desfase entre persona narrativa y sujeto escriturario. La plurivalencia del discurso textual impide que los autores de la picaresca femenina mantengan un total dominio sobre el personaje femenino. Es éste uno de los argumentos de mayor impacto para nuevas lecturas de la picaresca femenina. El mismo abre la posibilidad de que se plantee la articulación de cierta autonomía femenina, a pesar del control narrativo de los autores. Estas restricciones impuestas sobre el discurso libertino de las pícaras han sido clave para templar el desmedido entusiasmo generado por el préstamo de algunas premisas postestructuralistas para ubicar formas de resistencia y subversión en la literatura del XVII español. Aunque el discurso de Friedman exhibe una mayor preocupación por atacar la tradición crítica apegada al realismo narrativo que a las tendencias postestructurales, se muestra cuidadoso de ubicar la picaresca femenina entre la historia y la ficción. Al delinear el campo de estrategias narrativas, Friedman se aparta hábilmente de las tendencias historicistas cerradas que no reconocen la idiosincrasia del signo lingüístico. Al abogar por el reconocimiento de la deliberada intervención del autor como parte de la dinámica textual, el crítico también acepta que la referencialidad histórica delimita las permutaciones semánticas del signo. Más aún, la lectura de Friedman expresa cómo la construcción del género sexual altera los patrones precursores del género picaresco debido a que la picaresca femenina no puede prescindir del signo corporal femenino. Como elemento semiótico, el cuerpo amplía el horizonte de significación de esta tradición literaria protagonizada por mujeres:

> As a unit, the antiheroines' narrative cover the discursive range of their brother works. They become counterfictions when the differentiated voices of the texts convey a sense of variation and sexual consciousness, when the female presence begins to affect the production of meaning. The semiotic (and economic) system associated with these women is the body, a visual and sexual commodity. Their tricks and their words depend on desirability, and the transition from object to subject illustrates the tenuous interiority of the female character. To a degree the texts define identity in negative terms or in terms of what is left unsaid. Discourse becomes a literary response to a social question. (Friedman 73)

El reconocimiento del cuerpo femenino como generador de significados textuales obliga a la ubicación de la pícara en un espacio contextual, aún cuando Friedman afirma explícitamente su deseo de disociarse de una tradición crítica de realismo literario. Su contribución reside en reconocer la enorme complejidad del género sexual ante premisas estéticas y en no aferrarse a enfoques que sepulten las destrezas narrativas en favor de un enfoque sociosexual mecánico que se desentienda de la manipulación a nivel formal.

La precaria moralidad de la pícara, vista como el resultado de la astuta elaboración textual ingeniada por un discurso masculino, ha destacado la intrínseca afiliación entre estrategias narrativas y la dinámica de género sexual. La vinculación de la pícara con el mundo de la prostitución, nos recuerda Cruz, hace imprescindible la adopción de un marco metodológico que reconozca la desigual distribución de poderes entre los géneros sexuales. La pícara queda reducida casi exclusivamente a su función sexual. Siguiendo los planteamientos de Perry, Cruz observa cómo la normativa genérico sexual de la época se nutre del inventario cultural de oposiciones binarias que contraposiciona a la mujer virtuosa frente a la corrupta. Inofensivas para cuestionar el orden patriarcal, estas categorías clausuran las rutas conducentes a negociar un mínimo de autonomía femenina. Las esperanzas de subvertir el orden establecido mediante la delincuencia, la estafa o la seducción quedan agotadas al reconocer que ambos extremos simbólicos regulan el cuerpo femenino. Dada la estricta ideología genérico sexual de la picaresca, uno de los mayores aportes de Cruz es desmontar la ilusión de que la transgresión sexual pueda llegar a desarrollar matices emancipatorios:

> The more liberated the protagonist of a female picaresque novel, therefore, the stronger the condemnation by its author of woman in general, and the more insistent the warnings of the potential hazards in permitting both "decent" and "indecent" woman to interact without differentiation.[50]

Al trazar la correlación entre la conducta inapropiada de la pícara y la facilidad con la que las instituciones masculinas se apropian del personaje para moralizar sobre la conducta femenina, Cruz llama la atención sobre el ágil malabarismo

---

[50] Anne J. Cruz, "Sexual Enclosure: Textual Escape: The Pícara as Prostitute in the Spanish Female Picaresque Novel", *Seeking the Woman in Late Medieval and Renaissance Writings: Essays in Feminist Contextual Criticism*, eds. Sheila Fisher and Janet Halley, University of Tennesse Press, Knoxville, 1989, p. 153.

narrativo presente en la picaresca. Si las soeces expresiones de la pícara y sus constantes alusiones a una sexualidad desenfrenada crean la impresión de perturbar los parámetros de la moralidad oficial, esto es sólo un espejismo. En boca de la pícara, la pseudoliberación femenina ratifica los prejuicios masculinos que pesan sobre la mujer. Mientras la pícara sea fácilmente asociada con un libidinoso comportamiento, las estructuras del patriarcado permanecen sin mayores trastornos. Representada como prostituta, la pícara prolonga el encadenamiento metafórico que vincula a la mujer con la perversión. La eficiente labor artesanal de los autores de la picaresca garantiza el óptimo funcionamiento de una economía simbólico-moral en la que la conducta sexual femenina genera altísimos dividendos en virtud de su negativa ejemplaridad. La relación sexual/textual es una de represión y sujeción: a mayor libertad sexual, más enfáticamente se inscriben sobre el cuerpo de la pícara las medidas prescriptivas masculinas que regulan su comportamiento dentro del discurso literario y en el texto social.

La ruta trazada por los estudios de Friedman y Cruz ha posibilitado que las rupturas en el tejido textual sean continuamente observadas en relación con las técnicas narrativas y a los discursos masculinos de la época. El caso que presenta *La niña de los embustes, Teresa de Manzanares, natural de Madrid* (Barcelona, 1632), escrita por Alonso del Castillo Solórzano, plantea un interesante revés frente al deliberado reduccionismo narrativo presente en la picaresca femenina y a las aperturas creadas por la duplicidad del discurso. Si guiada por la mano del autor Teresa de Manzanares articula los prejuicios misóginos de su momento histórico, no es menos cierto que sus esporádicas confesiones exponen las limitaciones de la mano que la guía. La falseada voz de la pícara muestra el intento de apropiación del cuerpo femenino para asegurar el fortalecimiento del conjunto de preferencias y prejuicios del público lector del siglo XVII. Sin embargo, esta manipulación no consigue lograr que el cuerpo femenino desaparezca como elemento semiótico poseedor de una propia materialidad que contradice las ficciones literarias de la mujer de bajos recursos que aspira a ser más.

A pesar de que la estudiada ventriloquía de Castillo Solórzano sigue las convenciones narrativas que no descartan el carácter seductor y estafador de la protagonista, el personaje de Teresa interrumpe la asociación de la categoría mujer con la tradicional metáfora de perversidad sin tiempo. La irónica presentación de Teresa ante la comunidad de lectores ratifica las nociones pre-concebidas en contra de la mujer por parte del autor. Su lealtad a las instituciones del patriarcado intenta pasar inadvertida mediante su compromiso de ser un fiel transcriptor del peregri-naje de Teresa. Sin embargo, la energía textual se cristaliza porque las tachas morales de la pícara proceden, tanto de su árbol genealógico, como de su propia personalidad:

> Escribo la vida, inclinaciones, costumbres y máquinas de una traviesa moza, de una garduña racional, taller de embustes, almacén de embelecos y depósito de cautelas. Con sutil ingenio fue buscona de marca mayor, sanguijuela de bolsas y polilla de las haciendas. Con lo vario de su condición fue malilla de todos estados, objeto de diversos empleos y, finalmente, desasosiego de la juventud e inquietud de la ancianidad. Parte de estas cosas heredó por sangre y mamó en la leche, y parte ejecutó con travieso natural y depravada inclinación, pudiendo bien decirse por ella aquellos dos versos de un romance antiguo:
> dellas me dejó mi padre,
> dellas me ganara yo.[51]

---

[51] Edición consultada para este capítulo, Alonso Castillo Solórzano, *La niña de los embustes, Teresa de Manzanares, natural de Madrid* (1632), Aguilar M., Madrid, 1929, p. 14.

Encasillada sin tregua, Teresa aparece inscrita por derecho natural y por voluntad propia dentro de las actividades pertenecientes al bajo mundo. Su habilidad para el engaño y su afición por el dinero resumen una existencia que no puede ser premiada textualmente. Sin embargo, este deseo de aspirar a ser más, es una aspiración colectiva en el ambiente de la corte. El personaje de Teresa aparece ubicado en los intersticios de las instituciones dominantes cuya fuerza comienza a debilitarse ante el impulso de nuevas estructuras del sentir. La desconfianza provocada por lo nuevo es hábilmente coaccionada por frases que predisponen de manera negativa la atención del público lector: "buscona de marca mayor", "sanguijuela de bolsas" y "polilla de las haciendas", entre otras. Paradójicamente, el texto de Castillo Solórzano permite una lectura en donde la necesidad de imponer justicia poética ilumina los recursos disponibles a la mujer para negociar una identidad contraria a la que ha sido estipulada para ella por el patriarcado y por el canon picaresco.

La obligada prehistoria de la protagonista documenta la transmisión genealógica de su inferioridad moral. Como recurso narrativo, el recuento de yerros ancestrales opera para fijar su perversa inclinación. Como rasgo hereditario del que nunca podrá deshacerse, su conducta poco ética asegura que su inserción dentro de círculos de relativo prestigio social sea siempre efímera. El pasado la asediará constantemente para detener su avance social, pero éste siempre viene acompañado de una fuerte crítica que poco tiene que ver con el pasado familiar. Si bien es cierto que a la pícara se le niega la oportunidad de perpetuar su éxito, el texto desnuda la arbitrariedad de las fuerzas que sofocan su potencial creativo sin otra justificación que limitar su ascenso social.

Prehistorias genealógicas: del monte a Madrid

La libertad autorial interfiere con la negociación de una identidad propia, pero este control nunca llega a ser absoluto. La caracterización de la pícara está sujeta a las relaciones de poder implicadas en perpetuar su constante subordinación. A pesar de las metas de entretención masculinas, la historia del personaje termina cuestionando la validez del concepto de justicia poética, aún cuando esta interrogación no figura en los planes autoriales. Teresa narra la vida de sus abuelos con un tono que oscila entre el desprecio y la burla. El ambiente campestre en el que viven sus abuelos los marca peyorativamente al subrayar un crudo primitivismo que se asemeja al de los animales. Las relaciones afectivas entre ellos se caracterizan por la rusticidad del ambiente en el que viven. Su marginalidad social se vuelve objeto de ridículo textual porque la tosquedad de su trato amoroso desafía toda norma de urbanidad. Hablando sobre los abuelos, comenta la pícara:

Vino a Cacabelos con una partida de vacas (a una feria que allí se hace cada año), y halló repastando otra, cuya guarda era Dominga Morriño, mi señora abuela. La igualdad del oficio pastoril, la soledad del campo (mientras se llegaba el día de la venta), ocasionaron a los dos de modo que en él no faltó osadía para emprender, ni en ella ganas para admitir.

Era doncella en cabello, por falta de albanega, Dominga, y en pocos coloquios tuvo buen despacho mi abuelo en su pretensión, con que vino a formar de aquella calabriada mi señora madre, obligando la suya a mi abuelo que se quedase a vivir en Cacabelos, que fué fácil de acabar con él, por haberle herido el virote de Cupido y hecho despojo de aquel montaraz serafín.

Encubrió cuanto pudo Dominga su preñado; mas conocido el bulto por sus padres, con un poco de celo del honor (que no les faltaba) inquirieron quién era el dueño del chichón que Dominga no pudo encubrir, con lo cual se hizo la boda de los dos muy en conformidad de la parentela, por ver en Payo de Morrazos presencia para emplearla en todo su agreste ejercicio. Llegóse el noveno mes y salió a luz el valor de Galicia y la gala de Cacabelos, que fue mi madre, a quien pusieron por nombre Catuxa, que allá es lo que acá en Castilla Catalina. (16-17)

El cortejo amoroso, el embarazo prematuro de la abuela y su posterior matrimonio aparecen descritos de manera vulgar para subrayar cómo los valores de las jerarquías privilegiadas no poseen significación orgánica para quienes, como los abuelos, modelan su vida dando rienda suelta al instinto. Ya que éstos no conocen otra manera para enfrentar la vida, el texto de Castillo Solórzano los propone como objeto de escarnio para ratificar los ideales de buen porte social.

En boca de Teresa, los forzados comentarios del autor, en particular aquellos que hacen referencia a la preocupación de sus abuelos por mantener su reputación ante la comunidad, funcionan textualmente para acreditarla como una mujer preocupada por superar su tosquedad ancestral. Al hacer el recuento de la historia familiar, Teresa muestra una gran preocupación frente a los valores vinculados con el renombre. Sus aspiraciones de convertirse en una dama la llevan a condenar las prácticas familiares relacionadas con los excesos. Las declaraciones de Teresa muestran cómo sus abuelos no establecen distingos entre la actividad campestre y el acto de la copulación sexual, a pesar de las consecuencias sociales y morales del segundo. El matrimonio legaliza el "chichón" de Dominga, sin que esto suponga ningún tipo de cambio en su vida primitiva. No es fortuito que el autor se deshaga de los abuelos acentuando su inferioridad estamental: ambos mueren por no poder controlar su apetito, por un "hartazgo de castañas", marca de su otredad social. La gula y la promiscuidad resumen la condición marginal de la que Teresa quiere distanciarse.

La ordinariez de Dominga contrasta con la belleza de su hija Catuxa, cuyos atributos físicos la habilitan para desafiar el determinismo biológico de su ambiente aldeano. El texto la privilegia con cierto tipo de gracia sobrenatural que la capacitará para tramitar una identidad menos primitiva que la de sus padres. Sus dones físicos constituyen el pasaporte para incorporar a su vida las reglas de urbanidad que le otorgarán un lugar distinguido en su comunidad. La tía, propietaria de un mesón, intenta encaminar el destino de Catuxa en la dirección más segura y económicamente rentable para una hermosa joven huérfana, carente de bienes materiales ni prestigio familiar: el matrimonio.

> Crióse la muchacha en todo lo que acostumbraban allá los hijos de la gente común; paladeáronla con ajos y vinos, y salió una de su linaje; fue la primer moza que dió el ser a los pliegues de las sayas, pues lo que en otros parecía grosería, en ella era perfección. Uso poco el calzarse, aunque tal vez se traen botas en aquella tierra; fué la causa de esto el verse de pequeños pies, ajeno de mozas de aquel país, que todas los tienen grandes.
>
> [...]
>
> Era Catuja de Morrazos, naturalmente, aseada y limpia y con razonable cara, que para aquella tierra es un prodigio, pues parece que la naturaleza la repartió en ella con pródigas manos la fealdad. Verdad sea que el rústico traje la aumenta más, y lo poco que se precian las mujeres de asearse y componerse. No era así Catalina, que, sin hacer agravio a ninguna, era gala de Cacabelos. Alentábanla a estimarse las alabanzas de los huéspedes que cada día tenía en su casa (que es lugar pasajero), los cuales, como venían acostumbrados a ver los demonios con cofias de estopa, parecíales la Catalina angel en su parangón. Muchos aficionados de paso tuvo que la dijeron su pena; mas ella (si bien se holgaba de oírlos) rigurosamente los despedía, que por los documentos de la tía deseaba conservar su honra, esperando por su buena cara el mejor labrador de Cacabelos.(17-18)

El tono despreciativo utilizado para describir a los abuelos es sustituido por uno de irónica admiración al hablar de la madre. La belleza y las destrezas físicas de Catuxa son explotadas por la tía quien, a cambio de albergue, obliga a la sobrina a servirla "como esclava, acudiendo así al servicio de sus huéspedes, como al monte por leña para guisar de comer". La "mozuela niña huérfana y sin hacienda" aparece inscrita textualmente dentro de una comunidad adulta cuyas aspiraciones incluyen la separación de las esferas de la distracción sexual y el trabajo. El recato para la mujer aldeana se construye textualmente como un mecanismo conducente a lograr esta meta. Para la propietaria del mesón, evitar el ridículo público debido a un acto prematuro de copulación sexual que termine en embarazo es una prioridad más económica que moral. La intervención de la tía llama la atención sobre las restricciones que se imponen sobre una mujer de escasos recursos cuando da rienda suelta a un comportamiento sexual que se sale de los canales permisibles de la cultura establecida. Si por un lado es tópico recurrente de la literatura picaresca que a la mujer de bajos recursos se le asocie textualmente con el discurso de la seducción carnal como sugiere Hanrahan, el texto Castillo Solórzano se aparta de esa dirección. La tía será el primero de los personajes femeninos en subrayar la necesidad de renunciar a una sexualidad liberada para apelar a un limitado sentido de autonomía. La aldeana no posee más bienes que sus atributos físicos. Se le otorga cuerpo para suprimir su cuerpo debido a que el carácter amenazante de la sexualidad femenina es sólo aplicable a las mujeres que se desenvuelven dentro de grupos masculinos que tienen una reputación que guardar. Catuxa, ajena a los sistemas de parentesco de las clases dominantes, "muy bozal de caminos, como quien no había salido de su lugar en la vida, sino por leña al monte", termina abandonada por Tadeo, el hombre extranjero con quien tiene amoríos clandestinos.

El trato abusivo y la ambición de la tía permiten que la voz narrativa se exprese en contra del género femenino al sugerir que estas características son innatas en la mujer. Sin embargo, a pesar de esta tendencia genérica que juzga a la mujer como calculadora, las contradicciones textuales plantean la vulnerabilidad de la mujer de bajos estratos sociales que se entrega sexualmente sin tener una sólida red de apoyo familiar ni comunitario. Los temores de la tía ante la pérdida de la virginidad de la sobrina articulan la inerme posición social enfrentada por la mujer engañada. Su estricta supervisión domiciliar va más allá del capricho personal para cumplir una función social provechosa en la aldea. Desgraciadamente, este ejercicio ha sido descontextualizado por la crítica de la picaresca femenina. Para una comunidad de escasos recursos, la estricta actitud de vigilancia de la tía sería representativa de la necesidad de generar centros de información que estuvieran al tanto de lo acontecido en la aldea en lo referente a las relaciones prematrimoniales. La narrativa de Castillo Solórzano no sólo resalta el hecho de que la comunidad campesina no posee mecanismos para obligar al cumplimiento de una promesa matrimonial. Entre líneas, ésta también subraya la falta de protección de la mujer frente a la falta de núcleos sociales cohesivos que garantizan la estabilidad comunitaria ante forasteros y hombres poderosos locales. Al querer compensar su falta de estatus con el matrimonio adecuado para su sobrina, la tía de Catuxa es ridiculizada en el texto. Por desgracia, el hecho de que su constante vigilancia constituye un plan de supervisión continua pasa desapercibido.

Las antepasadas de Teresa se inscriben dentro del género picaresco haciendo referencias concretas a la sensualidad, pero ni el desenfreno carnal ni la delincuencia entran en sus alternativas para negociar su deseada promoción social. La retórica amorosa de la época, saturada de términos como "regalos" y "favores", prueba tener muy débiles resonancias para Catuxa que, por el contrario, es víctima de una burla sin que haya una comunidad que la respalde. Con mucha frecuencia, los estudios que se han encargado de hablar del perfil promiscuo de los personajes femeninos de la picaresca han hablado de la falta de honor, sin hacer hincapié en el hecho de que esta categoría funciona en proporción directa al sentimiento de solidaridad existente entre los núcleos comunitarios. No se trata de que la falta de principios éticos impida que la pícara pueda apelar a la categoría del honor femenino como ha asegurado la crítica más tradicional. Lo que sí revela esta narrativa es que el valor del cuerpo de la mujer se estipula a partir de los circuitos de poder que conforman su entorno.

Las vulgares declaraciones textuales que caracterizan la picaresca protagonizada por mujeres dan fe de la precariedad de sus relaciones con los grupos hegemónicos. Por ello, resulta imprescindible que las funciones moralizantes y de entretención anotadas por la crítica sean confirmadas por los discursos sociohistóricos. La aparente simbiosis entre libertad linguística y sexual de la pícara ilustra los intereses creados del patriarcado, cuyo objetivo primordial es domesticar el cuerpo y el comportamiento de la mujer. Este desfase, a su vez, rompe el espejismo de que la sexualidad de todas las mujeres constituye potencialmente la misma amenaza en contra del patriarcado.

El concepto del "honor" ha pasado a la historia literaria como una categoría neutral relacionada con el prestigio familiar y las virtudes personales del individuo. La narrativa picaresca femenina disputa esta neutralidad al asociar la noción de "honor" a la integridad del cuerpo de la mujer. Esta dependencia entre honor y cuerpo acentúa el hecho de que el honor es una categoría sexuada que posee connotaciones que varían para el hombre y la mujer de acuerdo con los círculos de privilegio en que éstos se desenvuelven. El estrecho vínculo entre consideraciones genérico sexuales y premisas estamentales invita a que la problemática en torno al honor se reescriba mediante la incorporación de los núcleos sociales involucrados en la fabricación y en la defensa de dicho constructo. Como una de las máximas categorías de inteligibilidad cultural para la sociedad española preindustrial, el "honor" ha sido usado indiscriminadamente para denotar reputación, linaje y firmeza de carácter. A esta plurivalencia de significados, se le ha unido el de la virginidad, aplicable sólo a las mujeres. Esta elasticidad semántica permite que éste opere como un nivelador social que incluye a ambos sexos y a las diversas capas sociales. Con excesiva frecuencia, la literatura de la época recoge ejemplos en donde la virtud compensa la falta de linaje, sin que esta transacción obstruya el desarrollo de las narrativas maestras que autorizan la posición hegemónica del "honor" en el imaginario colectivo. Sin embargo, la estrechez del contexto histórico en que se articula o desarticula el término desdice esta supuesta amplitud semántica defendida por la crítica literaria. Al reinterpretar el rol de la intervención comunitaria en asuntos de índole amorosa, las historiadoras italianas Sandra Cavallo y Simona Cerutti explican cómo la disminución de esta intervención tuvo repercusiones directas en el desamparo vivido por las mujeres para mantener su buen nombre.[52] Cavallo y Cerutti

---

[52]Sandra Cavallo y Simona Cerutti, "Female Honor and the Social Control of Reproduction in Piedmont between 1600 and 1800", *Sex and Gender in Historical Perspective*, eds. Edward Muir and Guido Ruggiero, trad. Margaret Galluci, Johns Hopkins University Press, Baltimore, 1990, pp. 73-109.

recalcan la función legitimadora de la supervisión colectiva en una sociedad polarizada por una economía genérico sexual que reducía el valor de la mujer a la integridad de su cuerpo antes del casamiento:

> Accepting a request for sexual intercourse, a woman entrusted her own honor to her partner; awaiting its restitution, she found herself in a liminal position, where her honor was in a state of suspension. The man at the moment possessed the power to reintegrate her into an honored condition, and thus enjoyed the power of decision over that reintegration. The fulfillment of the obligation he assumed was nevertheless conditioned by the pressures that, as we shall see, the environment could exercise on his honor and by the consequences that his unkept word carried for his reputation.(77)

Las historiadoras ratifican cómo la ideología masculina se sostiene a sí misma por la posición de dependencia que ocupan las mujeres en relación con los hombres. Cavallo y Cerutti destacan el hecho de que la polivalencia semántica del término honor desaparece al ser aplicada a la mujer porque se convierte en una alusión directa a la virginidad o al comportamiento sexual. Cavallo y Cerutti también confirman que la pérdida del honor femenino sólo se sobredimensiona en la medida en que compromete el prestigio masculino dentro de un contexto particular. Las historiadoras subrayan que el estado de sujeción social que viven todas las mujeres ante la pérdida prematura de la virginidad, en efecto, las hermana, sin que esto implique que todas las mujeres comparten el mismo grado de susceptibilidad social. Dentro de un núcleo de relaciones masculinas de poder, Cavallo y Cerutti resaltan la idea de que la sexualidad femenina sirve para consolidar o debilitar los enlaces familiares y, particularmente, la reputación del varón. Fuera de este contexto, la idea de que el eros femenino constituye un peligro parece no tener fundamentos sólidos: la vigilancia comunitaria trabaja de manera intensa para proteger a la mujer, a través de la fabricación de redes de apoyo social. Para compensar la laxitud institucional y la falta de nexos familiares prestigiosos, las comunidades poco privilegiadas parecen encerrarse en sí mismas, edificando una muralla simbólica que les facilita el escrutinio de toda presencia poco familiar.

La tradición picaresca de protagonistas femeninas parece ofender de modo frontal las sensibilidades masculinas, al permitir que las mujeres se salgan de las normas de conducta diseñadas para ellas. Paradójicamente, la trillada adopción de un lenguaje soez y un comportamiento vulgar resulta más conservadora que la actitud impetuosa de Catuxa que, tras el engaño y abandono de Tadeo, decide seguir su camino y comenzar una vida nueva en Madrid. Contra toda expectativa, Catuxa renuncia a las opciones que le ofrecen los discursos masculinos: sí, maldice brevemente a Tadeo, pero no llega al extremo de adoptar el lenguaje de la pérdida que iguala la identidad femenina a la pureza del cuerpo, ni regresa a su pueblo como mujer burlada. El dinero del hurto a la tía le permite el comienzo de una nueva vida que, aunque llena de dificultades, le ofrece alternativas de promoción social conducentes al cultivo de una frágil autonomía. Su acertada idea de robar a fin de protegerse económicamente prueba ser efectiva e indispensable para autorizar el distanciamiento lingüístico que le permite alejarse de las ficciones masculinas y crearse una identidad menos ajena. Con la partida a Madrid, se abre un espacio narrativo donde la ingenua Catuxa aprende a defenderse frente al mundo madrileño de corrupción. Poco importa que los esfuerzos de superación de Catuxa sean destruidos, al final de su vida, y termine burlada por otro hombre. El texto de Castillo Solórzano ridiculiza sus esfuerzos, pero no sin dejar de iluminar las zonas claroscuras que quedan sin control dentro del discurso picaresco. La justicia poética garantizará la coherencia narrativa, pero el personaje logra interrumpir la continuidad metafórica patriarcal mientras comienza a perfilarse como una mujer que no tiene que quitarse la ropa para construir una historia.

El desengaño de Catuxa, configurado en el texto como un castigo por su desobediencia y por su ligereza sexual, marca el reconocimiento de una posición social específica que no debe ser asimilada por un discurso ahistórico que insista en hermanar a las mujeres como símbolos de maldad. Tras la dura lección del abandono, Catuxa aprende cuán escasa es la rentabilidad del cuerpo para escalar socialmente y cuán ficticia es la idea del goce para una mujer de su condición. La experiencia erótica le deja tan mal sabor que "nunca admitió martelo ni oyó requiebro, temiéndose otro engaño: que de los escarmentados se hacen los arteros" (23). Catuxa reflexiona sobre la retórica amorosa masculina que, a pesar de estar poblada de mercedes y favores antes recibidos, termina siendo sinónimo de engaño y pobreza.

Los planes de superación de Catuxa aparecen enmarcados por una grotesca descripción de Madrid en la que la grandiosidad imperial se perfila como historia del pasado debido a la reciente movilización social. La construcción del entorno madrileño como un lugar donde la corrupción marcha de modo paralelo a la sociedad es una maniobra textual para predisponer negativamente a los lectores frente a este fenómeno de masas. En este sentido, la llegada de la gallega burlada está lejos de ser una entrada triunfal: Catuxa es objeto del desprecio de la mano autorial que sólo quiere burlarse porque sus alegados logros nunca podrán trascender el mundo de la subcultura y la vulgaridad:

Por sus jornadas, ya cortas, ya largas, llegó a aquella insigne villa, madre de tantas naciones, gomía de tantas sabandijas, y como a una de ellas, la amparó y recibió en sus muros. Admiróle la máquina de edificios, la mucha gente que pisaba sus calles, y en la Cava de San Francisco vino a parar, guiada de un arriero que le había traído en un macho de los suyos desde el lugar de las Rozas hasta la posada. En ella se apeó y viéndola la huéspeda, le dijo que si venía a la corte para servir. Catalina la respondió con semblante triste, que a eso la habían condenado sus trabajos, si hallase casa a propósito.

En la mía —replicó la huéspeda— os tuviera yo de muy buena gana; mas ha dos días que recibí una criada en lugar de otra que casé, y así tengo el servicio que he menester. Pero en casa de una hija mía os acomodaré; que también tiene casa de posadas, y yo sé que no os descontentaréis de estar allí, que hay ocasiones de medrar las que la sirven, y más vos, que traéis lo más facilitado con la buena cara que tenéis. (23)

La narrativa de Castillo Solórzano se alimenta del estereotipo que reduce las capacidades de ascenso social de la mujer a su belleza. Al hacer hincapié en la habilidad femenina para seducir al hombre, el texto prolonga los prejuicios patriarcales que no ven más destino para la mujer que agradar al hombre, ya sea mediante el concubinato o el matrimonio. En el nuevo contexto urbano, la belleza y la estudiada castidad de Catuxa trabajarán conjuntamente para que llegue a ser la mujer más cotizada por la clientela de la posada. Catalina, tras haber traducido su nombre al castellano, actitud simbólica de desprecio en contra de su anterior vida rural y su reciente adaptación al medio urbano, saca partida de la retórica masculina sobre el honor femenino. La gallega pronto aprende "cuan afición había de vivir con ninguno, llevando su fin a sólo su provecho" (25) logrando por ello, ser la mujer más admirada entre el "gremio fregatriz" (29).

Como personaje, Catalina ilumina las fisuras existentes en los discursos hegemónicos del patriarcado. A pesar del peso narrativo que la inmoviliza asociándola con una ambición excesiva como sugería Hanrahan, ésta muestra la relación de represión a la que es sometida como personaje. La descripción del furor de Catalina por verse bien y empezar a ganar fama por su belleza ridiculiza al personaje por su actitud compulsiva. Sin embargo, esta necesidad de cubrir el cuerpo es indicio de una nueva configuración genérico sexual para la mujer humilde que intenta socialmente superarse en un medio urbano. Aunque sigue adoptando y adaptando el lenguaje de la seducción que la llevará a un matrimonio económicamente estable, es evidente que la prostitución no entra dentro de sus esquemas de vida. En el caso de Catalina, su vanidad es una estrategia que le permite marchar al compás del tiempo del ambiente cortesano, donde las apariencias de respetabilidad cuentan más que en otros lugares:

Valióle el no revelar el hurto Catalina a su galán el verse vestida, pues eso fué la piedra fundamental para su medra. Llegó con su ama a la calle de Toledo, donde hay bodegones de vestidos, hallando allí siempre guisados los que pide el gusto para adorno de las sirvientes de mantellina. Allí comparon en acomodado precio un manteo azul, con su poca guarnición pajiza; una basquiña y jubón de estameña parda, guarnecido el jubón; mantellina de bayeta de Segovia...Pasaron a una tienda de lencería, donde sacó dos camisas, valonas y cofias, y no se le olvidaron del calzado, que quiso de golpe ponerse el que traen las fregonas de más presunción en la corte, bien mirado en tiempo de lodos, pues su limpieza acredita la curiosidad y gala de la que los pisa sin detrimento suyo. Con todo este ajuar volvieron a casa, no faltando para el cumplimiento del arnés sino algo de esto que se trae en la cara y dos sortijas de plata, cosa conveniente en el fregatriz estado, aunque ya le vemos subido de punto con alguno de oro, donativos de los que, hartos de perdices, gustan tal vez de comer vaca. (26-27)

Con la incorporación de prendas del vestir en su diario vivir, Catalina saca partido de su cuerpo, su voz y su donaire. Sus orígenes no urbanos parecen no afectarla para ganar fama en su barrio, pues "con la buena cara que tenía y los vestidos tan ajustados a su cuerpo, parecía que toda su vida había andado en aquel hábito: tal despejo mostraba en él" (28). El gusto en el buen vestir opera textualmente como un poderoso elemento para habilitar a la mujer para subir en la escala social, aunque este ascenso social depende de la presencia masculina: las estrategias de Catalina están destinadas a conseguir un esposo.

Contrario a la idea convencional del desenfreno femenino, el cambio en la apariencia externa de Catalina viene acompañado de un riguroso comportamiento sexual: "Eran muchos los aficionados de la moza, y ella se portaba con ellos de modo que, por el poco recato y estima, nunca ganó opinión de fácil ni de desenvuelta. Granjeaba voluntades y hallaba medra, cosa que fué echando de ver la compañera por los galanes que Catalina le tiranizaba" (28). Si las funciones definidas como innatamente femeninas oscilan entre las polaridades representativas de la santidad y la perversión, Catalina se sitúa en los intersticios de esta ecuación dialéctica. Su amancebamiento con Pierres, el buhonero francés padre de Teresa, es posterior al depósito de cuatro mil reales destinados a ser invertidos en una propiedad inmueble de la que ella será la administradora. De ser empleada de una posada, Catalina pasa a ser la dueña de su propio negocio. Atrasar la entrega sexual hasta que el dinero pueda ser legalmente utilizado para iniciar la empresa parece ser el único camino para granjear un mínimo de movilidad social en la corte madrileña. Tras el desengaño amoroso de Tadeo, Catalina aprende que para una mujer de su condición, la promesa matrimonial representa un compromiso asociado con la seguridad personal económica. Como podrá verse a continuación, la declaración amorosa de Pierres carece de la ampulosidad afectiva tradicional y busca satisfacer los intereses de su enamorada:

Señora Catalina, ya voasté habrá echado de ver en mi asistencia cuántas ventajas hago a lis competidores que tengo, y asimismo en la liberalidad con que la sirvo en lo que se ofrece, por lo cual debe tener más atención a mi persona que de los demás, pues casi todos llevará la mira a solo su apetito y dejalla luego, y yo la tengo en merecer ser su marido. Aunque sirvo de lacayo, como ve, puedo dejar de serlo sin que me falte el sustento, pues gracias a Dios tengo más de cuatro mil reales, con que tengo a medias cierto trato con que se aumenta mi causal cada día; si se determina a que nos juntemos en consorcio, será de mí estimada como merece su persona y regalada como la propia reina. Este caudal que traigo en compañía le tendré yo solo tomando medio de vivir, con que me prometo antes aumento que disminución. Su gusto, aquí que estamos a solas, me holgaré de saber: voasté me li diga. (31-32)

La respuesta de Catalina, al igual que la proposición matrimonial de Pierres, reitera cuánto prima la noción de la prosperidad económica sobre la abstracta promesa del "honor":

Aunque recelosa del engaño del segoviano (a quien no había podido hallar en Madrid), quiso que la evidencia la desengañase, y así le dijo que estimaba su voluntad, y que en cuanto a disponer de sí no se determinaba hasta que con más certeza viese que lo que decía era verdad: que ella había de tocar el dinero primero y verlo en depósito de su amo, y que entonces se haría el casamiento, porque tenía tanto escarmiento de los engaños de los hombres, por uno que la hizo quien la desterró de su patria y dió a conocer las ajenas, dándole palabra de ser marido, que estaba desde entonces con propósito de no creer más de lo que viese con sus ojos. Aquí le dió a entender cómo no iría virgen a su tálamo.

Pierres, que era hombre de buen estómago y que aquel defecto ya le daba por sabido, aceptó el partido de Catalina, y así, en esa conformidad, volvieron a Madrid, quedando que de concierto que dentro de cuatro días el gabacho llevaría su dinero en poder del amo de su moza, y que hecho depositario de él, se estaría en su poder hasta tener las bendiciones de la santa iglesia. (32-33)

Castillo Solórzano expone abiertamente en su texto cómo la seguridad económica organiza los nuevos valores de la época en el contexto cortesano. El amor queda supeditado a la adquisición de bienes inmuebles. Este giro ratifica la transformación de la gallega burlada en una señora propietaria. Catalina, convertida en el epítome de la virtud y la belleza, olvida su antigua procedencia geográfica y los errores del pasado. Marcia Welles ha sugerido acertadamente que la picaresca femenina no puede entenderse sin hacer referencia a la rápida urbanización y a la descomposición de valores tradicionales en donde sólo la propiedad tiene significado: "The pícaras know, or soon learn, that the only signifier capable of maintaining a stable relationship with the signified (social prestige, economic security) is cash".[53] En efecto, la adquisición y el manejo del dinero estimulan profundos cambios semánticos que atentan en contra de los valores de la época. El desgaste de los marcos conceptuales ligados al renombre familiar se evidencia porque la mujer que utiliza los frutos económicos de su trabajo para labrarse un nombre propio les resta legitimidad. Como sugiere Welles, la importancia adquirida por el dinero para autorizar el prestigio individual generalmente aparece asociada a la pérdida de valores de la cultura establecida. Los valores más preciados de la cultura son objetos para el comercio. En el texto de Castillo Solórzano, contrario a otros ejemplos del género protagonizados por mujeres, la transformación de los valores sociales coincide

---

[53] Marcia Welles, "*The pícara*: Towards Female Autonomy, or the Vanity of Virtue," *Romance Quarterly*, 33, febrero 1986, p. 68.

con aperturas económicas que cuestionan el alcance del componente erótico y la delincuencia como medio de promoción social para la mujer.

El personaje de Teresa se inscribe dentro del género picaresco cumpliendo con las exigencias formales que le obligan a documentar su propensión al engaño mediante el recuento de la vida de sus padres y de sus propias mentiras. Sin embargo, Teresa, perteneciente a un grupo social de escasos privilegios sociales, impone su identidad textual al porfiar en un sistema de valores de pobres resonancias para ella. Al reconocer las imposiciones y libertades que el ambiente urbano le ofrece dada su historia familiar y sus propias aspiraciones, Teresa rechaza las opciones que una vez estuvieron disponibles para la madre. La creencia convencional de que sólo la belleza y los consorcios afectivos le prestarían identidad es puesta en ridículo cuando la pícara evalúa la relación amorosa que Catalina, su madre, sostiene con el licenciado Cebadilla. Teresa advierte con firmeza que la estabilidad económica y afectiva que aportan los hombres dentro del núcleo doméstico puede llegar a ser una ficción de graves consecuencias. Con evidente ironía, Teresa, "garduña racional", se burla de la credulidad afectiva de Catalina. La pícara desenmascara el comportamiento parasitario oculto detrás de la retórica amorosa del licenciado:

> Mejor le iba con el arbitrio de haber granjeado la voluntad de mi madre, pues con ella hallaba comida y posada de balde y andaba vestido como un rey.[...] Tenía una labia para explicar su arbitrio entre la gente ignorante, que creían todos que saldría con él, y entre los boquimuelles era una mi madre, con que le costó la hacienda y la vida.(40)

La ventriloquía autorial no logra silenciar esta acusación femenina, aunque en principio ésta cumple con la función de destacar el carácter calculador de la pícara. La voz de Teresa desmantela la realidad detrás de las relaciones afectivas. Ante la idea de que la mujer necesita un hombre para enfrentar las vicisitudes económicas, el personaje de Teresa responde con mordaz sarcasmo. Castillo Solórzano satiriza las necedades del arbitrista por sus atolondrados proyectos de reforma social. Lo que por lo general pasa desapercibido es que el texto simultáneamente le presta voz a la nociva situación que enfrenta la mujer cuando el hombre vive a costa de sus ganancias. La repentina muerte de Catalina, causada por el robo y posterior abandono de Cebadilla, satisface de manera nítida el requisito formal de justicia poética defendida por los críticos que insisten en la finalidad moral del género picaresco. Catuxa, llega a Madrid por el robo a la tía gallega. Cebadilla, por su parte, hurta una mayor cantidad de dinero de la que Catalina saca de los cofres de su tía al momento de partir. Sin embargo, cuando Teresa narra la "buena obra" (40) del sustituto de su padre, ésta también ilumina textualmente cómo el bajo sector urbano masculino descubre que la "necesidad" de compañía puede ser una generosa fuente de ingresos. Los comentarios de Teresa revelan su futura desconfianza ante estas "verdades" culturales. Catalina, propietaria viuda que en sus años juveniles logra conquistar al mejor partido para casarse, termina "temiendo no poder pasar los rigores de un recio invierno". Sería poco acertado no advertir que Castillo Solórzano, disfrazado de Teresa, asocia el tardío despertar sexual de Catalina con la viudez. Sin embargo, sería más ingenuo ignorar que para lograr los planes de medro social, Teresa descubre cuán frágil es el componente sexual para las mujeres apartadas de los círculos de privilegio social.

Hacia una nueva fisionomía:
Teresa y el talento de sus manos

La configuración de Catalina crédula y enamorada se convierte en el modelo femenino del que Teresa buscará distanciarse al labrar su futuro. Si con su actitud Catalina cree cumplir a cabalidad con las expectativas culturales impuestas sobre la mujer que afirman la necesidad de compañía masculina, la actitud de la hija será muy distinta. El éxito económico de Teresa le permitirá adoptar una actitud de indiferencia afectiva ante sus pretendientes. Los matrimonios de Teresa estarán impulsados por el deseo de superación social y todos prueban ser un fracaso. Para la mujer que ha logrado superarse y vivir una vida relativamente holgada, sin supervisión masculina, el matrimonio opera como castigo textual que reprimirá su autonomía, como ocurre con la madre al final de su vida.

Es Catalina quien encamina a su hija hacia el éxito, al darle una educación que le permite desarrollar sus talentos y ganarse la vida de una manera digna:

> [...] viendo en mí buena habilidad para todo, quiso que aprendiese a labrar en casa de dos hermanas viudas que vivían en aquellos barrios. Allí acudí a labrar, aventajando en esto a todas cuantas condiscípulas tenía en menos de un año, cosa que admiraba a las maestras. Era yo tan inquieta con las demás muchachas, que siempre estaba haciendo burlas, haciéndolas creer cuanto quería, que eran notables disparates, todos con orden, a salir con mis burlas, con lo cual gané el nombre de *La niña de los embustes*, que dilaté después porque no se borrase mi fama. (38-39)

Las ventajas económicas y sociales ofrecidas por la maestría de Teresa, en asuntos de hilo y aguja, han pasado desapercibidas por la crítica que ha mostrado mayor interés en demostrar la falsedad de la pícara, "lo de la risa como carácter". La pícara que aprende a embellecer su cuerpo mediante su estudiada selección y confección de prendas del vestir, también aprende que su apariencia externa ha de ir acompañada del cultivo de las reglas de urbanidad.

En los círculos madrileños, Teresa se da a conocer como hábil artesana del cabello. La acogida por la fabricación de pelucas aumenta el estereotipo de la mujer vanidosa. Simultáneamente, esta práctica le otorga un rol respetable a la mujer de bajos estratos sociales que se dedica a trabajar con el talento de sus manos. Con orgullo Teresa confiesa: "toda la gente de la corte acudía a nuestra casa, y las mayores señoras se preciaban por tenerme como amiga" (65). Es evidente que el nuevo empleo de Teresa altera de manera leve las convencionales jerarquías sociales. La pícara adquiere una nueva corporeidad, disociada de los aires seductores de la madre cuyo ascenso nunca trascendió el ambiente de los mesones: "ya yo presumía de dama con mi moño que no era el peor de los que salían de mis manos, pues la buena maestra atrae gente" (64). Los comentarios de Teresa reconstruyen de manera textual la substitución discursiva del sistema de parentesco por uno en que la identidad se mide a través del poder adquisitivo que da el dinero ganado honradamente. El prestigio familiar comienza a ocupar una posición periférica ya que el servicio estético se convierte en un nueva actividad de consumo, necesaria para satisfacer el mundo de apariencias característico de la corte. El avance social del personaje se halla sujeto al lento proceso de aceptación que caracteriza toda práctica en vías de convertirse en hegemónica. Su triunfo como peluquera no puede deshacerse de los discursos que sólo justifican la promoción social femenina por medio del prestigio familiar, el matrimonio o la virtud religiosa. El inusitado reconocimiento cortesano de Teresa es muestra de nuevas sensibilidades culturales que no siempre son recibidas de forma inmediata porque, como ha sugerido Joan Cocks, existen viejas sedimentaciones, que al no poder evitar el cambio social, retrasan su impacto (65).

El disciplinado cultivo de los talentos individuales se convierte en un modesto eje simbólico de poder particularmente efectivo para la mujer que, como Teresa, no tiene un linaje familiar que defender. Con orgullo comenta Teresa: "No se vaciaba la casa de mujeres de todos estados: unas peladas de enfermedades, otras calvas de naturaleza, otras con canas de muchos años. Todas venían con buenos deseos en enmendar sus defectos, y porque se les supliesen; no reparaban en cualquier dinero que les pedía" (65). La imagen seductora de la mujer de baja catadura social se metamorfosea en el retrato de la amiga diligente y talentosa dispuesta a resaltar la belleza individual y a cobrar en efectivo por sus servicios. La incipiente normalización de la belleza como nivelador social documenta el lento, pero constante tránsito hacia una sociedad en donde la intervención humana subraya su potencial para reparar las supuestas deficiencias de la naturaleza. Al nivel argumental, Teresa sólo compone la cabellera de sus clientes. A un nivel más profundo, la simple operación estética no puede silenciar la modesta y contradictoria reconfiguración del consenso hegemónico. Este giro se inscribe textualmente a través de una renovada conceptualización de "lo natural", no sólo en lo referente a la belleza y a las jerarquías estamentales, si no en lo referente a los géneros femenino y masculino: "había más hombres en casa a que se cubriesen sus faltas que a los confesores" (67).

La acogida de Teresa en el ambiente cortesano impugna la anterior dinámica familiar. Su estabilidad económica compra el aprecio de las hermanas que le dieran asilo después de la muerte de Catalina. Tras el progreso económico, el apelativo de "criada" se sustituye por el de "compañera". Las viejas que "vieron presto el aumento por su casa y conociendo ser yo la causa dél, me vistieron y trataban como a la misma Teodora" (64), procuran normalizar un nuevo trato familiar motivado por razones económicas. Tanto Teresa como las viejas reconocen que la nueva solvencia económica de Teresa permanece anclada al peso de la respetabilidad y el prestigio moral que, dada su orfandad, sólo las ancianas pueden otorgarle. Los prejuicios estamentales demuestran sus recursos para absorber la posible germinación de identidades femeninas. Los convencionales esquemas de clasificación cultural hacen que Teresa tenga que vivir conforme a las expectativas comunitarias que acreditan su negocio por su afiliación con una familia respetable. Si ante las presiones de la opinión pública; Teresa tiene que ceder a la supervisión de las viejas, su solvencia económica le permite redibujar los contornos de la disciplina que las amas le quieren imponer:

> Ya yo era de diez y seis años, edad en que la que no es entonces mujer de juicio, no lo tendrá en la de cincuenta, entonces corríme de que me quisiesen apremiar a estar siempre trabajando en mi labor, llevándose de ella tanto provecho como yo, y siendo la mayor parte del trabajo mío, y así, mostrándoles dientes, dije que yo les servía como hasta allí, que no era mucho desorden salir a divertirme, tal vez de la continua asistencia de labor; que si les parecía esto exceso, procuraría no darlas enfado buscando vivienda donde pudiese usar de mi libertad sin estar sujeta a sus reprensiones. (73-74)

La argumentación de Teresa desbarata la lógica que sustenta la autoridad matriarcal. La popularidad de Teresa no altera las jerarquías estamentales, pero sí trastorna las posiciones de dominio y subordinación dentro del núcleo familiar de Teresa y sus amas. La función aleccionadora del texto no permite que la autonomía económica para la mujer exista sin las restricciones representadas por las viejas hermanas. La tensión de elementos del pasado regula las posibilidades del orden presente para garantizar que el tránsito hacia el florecimiento de nuevas identidades sea gradual y permanezca sujeto a constantes revisiones que retrasen su ligera asimilación. Teresa amenaza a las viejas con abandonarlas. En el ambiente cortesano recreado en el texto, la continua supervisión familiar comienza a perder importancia como valor orgánico. El concepto de libertad personal se estructura tibiamente gracias a los dividendos económicos generados por el trabajo. La juventud se impone sobre la vieja generación porque Teresa se presenta textualmente como la proveedora del hogar. Es por ello que puede discutir con sus amas "mostrándoles dientes". Para lograr el éxito económico de su protagonista, Castillo Solórzano se ve en la obligación de desdibujar las imposiciones convencionales que exigirían de Teresa el confinamiento doméstico, la sobriedad de carácter y la actitud sumisa ante sus protectoras.

La asociación pseudofamiliar de Teresa con sus amas articula las imposiciones de la cultura establecida. Para autorizar la autonomía económica de la pícara que vive alejada de un ambiente de delincuencia o prostitución, el texto insiste en mostrar cómo la prosperidad de Teresa no puede disociarse de la respetabilidad de las viejas. La vida holgada a la que Teresa aspira siempre la espera un paso adelante y, por tal motivo, su vida es un constante peregrinar basado en este intercambio simbólico material. Teresa trata de comprar su prestigio con su trabajo y con sus afiliaciones personales. Hasta el momento, este patrón ha sido poco estudiado por la crítica que insiste en abordar el género picaresco en virtud de las tachas morales de la antiheroína, de la ventriloquía autorial o de su vanidad. Para esta lectura, la pregunta trasciende el saber si Castillo Solórzano logra o no su objetivo. Lo importante es examinar las fuerzas perturbadoras, que anticipadas o no por la manifiesta intención del autor, se imponen para dar testimonio sobre la multiplicidad de ejes simbólicos de poder que interpelan al prematuro sujeto femenino que narra "su" vida.

El hecho de que la actitud calculadora de Teresa no desmerezca a través del texto no implica que como personaje sea poco vulnerable frente a las imposiciones de una rígida economía sexual en la que el tropo amoroso jugará un rol significativo. Acostumbrada a servir a las viejas, aún cuando casi las mantiene económicamente a cambio de cierto prestigio moral, Teresa muestra un férreo escepticismo ante las posibilidades auténticas de medro social a través de la exclusiva adquisición de bienes. Si bien es cierto que durante el desarrollo textual todos los esfuerzos de Teresa están dirigidos al incremento de su riqueza, su identidad adquiere una nueva dimensión ante la retórica amorosa de Sarabia. El eterno estudiante, amante de musas poéticas, es el único hombre que logra conquistar el corazón de la pícara, quien se halla tramitando las gestiones de cortejo entre los pretendientes de Teodora:

> El verdadero amor, señora Teresa (si hemos de seguir opinión de muchos que trataron de él), ha de ser sin interés alguno; desnudo le pintaron los antiguos por eso, que amor vestido ya deja de serlo, y es interés. Si la señora Teodora mira bien esto con los ojos de su prudencia, yo sé que seré preferido a mis dos competidores de por medio. (54)

Las palabras de Sarabia desarman el plan de ataque de Teresa quien de manera repentina admite querer "bien a ese hombre" (55). Fácilmente conquistada por el discurso amoroso de Sarabia, la actitud de Teresa sufre un súbito e inesperado vuelco ante las palabras del estudiante. La autoría manipuladora se evidencia con un rigor innegable. Teresa se convierte en el títere por excelencia para entretener a una audiencia masculina que disfruta por partida doble ante las estupideces sentimentales de Sarabia.

La presencia de Sarabia debilita la actitud burlona de Teresa. Contrario a su madre y a su abuela, que eran mujeres sin educación formal, Teresa confiesa haber aprendido "a leer y escribir con mucha perfección" (43). Su deslumbramiento ante la elocuencia de Sarabia ha de atribuirse a una precaria educación literaria que ningún otro personaje femenino posee. La fascinación que provocan en Teresa las palabras de Sarabia puede explicarse porque éstas apuntan simultáneamente hacia una carencia y hacia una aspiración. Deficiencia y meta aparecen aunadas. Ambas coinciden en la apología lanzada por Sarabia para defenderse de su fracaso económico. Sarabia presenta la pobreza como virtud. El ocio de Sarabia, su dedicación al arte, la abierta aceptación de su fracaso económico le confieren una personalidad atractiva ante la pícara, que no ha encontrado estos atributos en ningún otro hombre. Las "virtudes" de Sarabia aparecen en el texto vinculadas con los vicios ligados a su procedencia social. A mi juicio, Teresa tendrá que enfrentarse con Sarabia, posteriormente, cuando el autor intente suprimir la autonomía lograda con su triunfo como comediante.

La fabricación de un linaje postizo con los retazos de su historia personal es similar a su labor de producir pelucas, pero le genera ingresos más permanentes. Al enterarse de las intenciones de Lupercio Saldaña, un viudo rico de edad avanzada, a quien conoce en el taller de sus amas, la confección de su engaño no se hace esperar:

Señor Lupercio de Saldaña (que así era su nombre), yo no tengo de negar a vuesa merced quién sea mi padre; era un caballero de Burgos que se llamaba don Lope de Manzanedo, y mi madre, Catalina de Morrazos. Húbola doncella, y nací de este desmán; casóla con un francés, y siempre pasé plaza de hija de éste, porque mi padre murió luego, teniendo intento de llevarme a su patria, que era viudo, y allá meterme monja en un convento. Esto (como digo) atajó la muerte aunque dejó mandado a don Jerónimo, su hijo y mi hermano, que lo pusiese en ejecución; mas él, menos generoso que su buen padre, por ahorrarse mi dote y aplicársele, no ha hecho caso de mí. Con esto le digo que soy hija natural de este caballero, y muy servidora de su merced. (74-75)

Teresa asume una falsa identidad al remontar sus orígenes a la burguesía acomodada de Burgos. El hecho de ser hija natural le permite apelar a sus vínculos familiares inventando un apellido y un hermano que podría reclamarla. Este fingido, aunque factible, círculo de protección masculina legitima a Teresa para convertirse en una joven señora dentro de un mundo superior al de sus antepasados y al de sus amas. Entre veras y burlas, Teresa se inserta dentro de un nuevo espacio textual que, si bien acentúa su precariedad moral, no deja de iluminar secamente las razones materiales específicas para recurrir al engaño. Es obvio que la condición de ser hija natural no tiene las connotaciones peyorativas adquiridas a partir del siglo XIX, en donde los valores de la familia nuclear burguesa sustituían los valores de la familia extendida del siglo XVII. Teresa falsifica la historia de su padre, no la de su madre.

Los planes matrimoniales de Teresa no pueden ser disociados de su anhelo por llegar a ser más, pero el sujeto narrativo se aleja del enfoque maniqueo que explicaría su decisión en términos exclusivamente lucrativos. Su rechazo a la empresa que le ha permitido alcanzar cierta autosuficiencia económica en favor del matrimonio se precipita a causa del antagonismo causado por las viejas que reclaman parte de las ganancias económicas. Así lo revela Teresa al comentar: "Yo estaba con tanto deseo de salir de la sujeción de las viejas que me determiné a casar aunque fuese con tantos años, y así el casamiento se trató secretamente, sin que ellas supiesen nada de él" (75). Es innegable que el afán de medro social mueve a Teresa a contraer nupcias. No es menos cierto, sin embargo, que esta estrategia para eliminar el control de sus amas termina siendo contraproducente para ella, que termina casada con un hombre de edad, en extremo celoso. Para Friedman, el turbio desenlace del matrimonio se justifica por la protección del autor a los códigos estamentales vigentes en la época:

In a world of appearances, the highest reality is social acceptability, which must be inherited, not won. Those who challenge the hierarchical structure must fail if the system is to be preserved, and as long as Teresa fails, the author can amuse his reader with Teresa's anti-social escapades. Through the irony of discourse, the narrator's voice works against to reveal the illegitimacy of her pretensions. (103)

Friedman señala con acierto cómo la tolerancia frente a nuevas aperturas sociales depende del mantenimiento de la estricta división jerárquica del Antiguo Régimen. Las expectativas de la cultura establecida se refuerzan gracias a los fracasos de Teresa, hábilmente orquestados por Castillo Solórzano. El anterior modelo de estratificación social continúa operando porque la autonomía adquirida por Teresa mediante su trabajo se ve opacada por sus pretensiones de convertirse en señora. El peregrinar de Teresa a través de sus matrimonios se aparta del común lugar literario que presenta la institución conyugal como albergue para la mujer. En la narrativa de Castillo Solórzano, el matrimonio se convierte en el más fiel aliado autorial para someter al personaje a las lecciones de educación y entretención masculinas. Sin embargo, a esta represión narrativa se le escapan presencias poco amigables que corroen la armonía de las narrativas maestras. A pesar de los acertados comentarios de Friedman hay que recordar que la manipulación discursiva, entendida estrictamente como mecanismo lingüístico narratológico disponible sólo al creador de la obra, está de antemano subordinada a la macrotensión ideológica de la cual el autor también es un producto. A mi juicio, la riqueza del texto de Castillo Solórzano reside en que los sinsabores de Teresa para constituirse como sujeto no permanecen en el nivel personal. Éstos dejan su huella en el terreno ideológico. Tras cada fracaso, las fisuras ideológicas sustituyen las dogmáticas enseñanzas del género picaresco.

Teresa abraza el matrimonio en busca de una mayor respetabilidad social y estabilidad económica para caer en el derrotero de enfrentarse con las obsesiones masculinas de la clase privilegiada. La estricta división de las funciones de género exigen que el recato que le facilitó la conquista a su primer marido, Lupercio Saldaña, llegue al extremo del encierro, debido "al celoso humor de (mi) mal viejo" (268). En calidad de esposa de un hombre adinerado, Teresa sufre las restricciones de las apariencias sociales. "¡Mil veces estuve dispuesta a pedir divorcio en la mala vida que me daba, mas esta mala honra me lo estorbó!" (82), señala Teresa, que entra en la cadena de desplazamientos simbólicos que determinan la identidad masculina por el grado de dominio en la asociación matrimonial. Al darle el apelativo de señora, el texto la convierte en un signo semiótico en donde viven aunados su género y su nueva clase social. Su deslealtad conyugal con Sarabia, quien más tarde ha de ser su segundo marido, es un crudo marcador de clase social que procura mantenerla a raya por sus afiliaciones ancestrales. La pícara explora un primitivo erotismo, que es prontamente recuperado por las expectativas burguesas que también exigen el recato incondicional de la joven esposa:

Acortóme las salidas a visitar mis amigas, y estorbó que ellas no viniesen a verme, con que comencé a comer la corteza del pan de la boda, que era muy dura; deshacíame en llanto, teníamos cada día mil disgustos y hallábale cada hora más insufrible. A tanto llegó su extremo, que me prohibió las galas y las guardó debajo de llave, sin dejarme vestir más que un hábito de San Francisco. Con esto estaba desesperada, y mis ojos nunca se enjugaban. Si había de ir por la calle cubierto el rostro; en la iglesia no se apartaba de mi lado mientras duraba la misa, y acabada, aún no me daba lugar a encomendarme a Dios, que al instante nos habíamos de volver a casa.

[...] Tan desesperada me vi con el celoso humor de mi mal viejo y con el desabrimiento que conmigo tenía, que me resolví en favorecer al licenciado Sarabia y a procurar lugar para que entrara en casa. Sea esto recuerdo para los viejos celosos y para los mozos también; que oprimir a sus esposas y encerrarlas sólo sirve de que busquen modo para su deshonra: taparle el curso a la fuente es hacerla correr después con más violencia. Yo estaba contenta ya con mi estado; pasábalo gustosamente, porque el regalo y las galas suplían la desigualdad de edad, o los defectos de la ancianidad, por decir mejor. Volvióse marzo; vime opresa, sujeta y afligida con celosas impertinencias, y resolvíme en que lo que mi esposo temía sin causa lo experimentase con ella. (81-83)

La deslealtad conyugal de Teresa opera como pretexto para articular someramente los antagonismos masculinos. La vieja guardia masculina representada por Saldaña se ve humillada por la emergente mentalidad burguesa recreada por Castillo Solórzano. Ésta no favorece la distancia de edades entre los contrayentes matrimoniales. Saldaña termina humillado frente a la comunidad de lectores, sin que esta reprimenda implique una defensa de la libertad sexual femenina.

Contrario a lo que se espera de las pícaras, es curioso que la transgresión conyugal de Teresa desemboque en un período vital dedicado al recato y no a la promiscuidad. Tras la muerte de Saldaña, Teresa se convierte legalmente en una joven viuda que no puede heredar a su marido como es debido "por ser su hacienda de las mujeres que había tenido" (80). Es evidente que el autor se impone sobre el personaje dejando siempre a medio camino sus supuestos logros. Si la burla a Saldaña provoca la aprobación del público lector, la viudez se vuelve intolerable para la ideología patriarcal burguesa que tampoco puede aceptar que una joven mujer, talentosa y con dinero viva fuera de los confines de "protección" masculina. Para contrarrestar esta amenaza, Teresa se convierte en icono de ejemplaridad moral al convertirse "en espejo de mujeres" (91) acentuando un pacto tácito entre autor y voz narrativa: Teresa podrá ofender la reputación individual de quienes como Saldaña se resisten al adelanto burgués mientras garantice su adhesión a la economía genérico sexual. Esta conflictiva "alianza" entre voz narrativa y personaje ha sido pobremente entendida por los críticos que insisten en explicar el aparente triunfo de la pícara como resultado del problema de la decadencia española en el siglo XVII. El comentario de Antonio Rey Hazas es relevante en este sentido:

> Es como si la decadencia social favoreciera exclusivamente a las féminas y no a los hombres, quizá porque las mujeres están mejor dotadas para abrir estructuras sociales o morales rígidas, a merced de sus encantos físicos y a su ingenio, o quizá porque su elevación de clase no comportaba tantos peligros como la de los varones, dado que ellas no tenían honra propia, sino dependiente siempre del hombre, y eran consideradas como inferiores e imper-

fectas. En todo caso, lo que demuestra es que una sociedad machista, resulta más fácil de vulnerar para las mujeres de baja extracción que para los hombres de la misma catadura sociomoral, máxime cuando aquéllas no se plantean su triunfo como una cuestión de honra. (107)

He citado este pasaje en su totalidad porque me parece sintomático de los marcos interpretativos que aún permean los estudios literarios del siglo XVII. Aunque es evidente que Rey Hazas reconoce las limitaciones específicas que impone un sistema de sexo/género sobre el hombre y la mujer, sus afirmaciones se construyen a partir de las concepciones misóginas que sólo asocian a la mujer con el ingenio y los atractivos físicos. A pesar de que su comentario pretende reivindicar al personaje de Teresa, la lectura de Rey Hazas utiliza el concepto de la honra masculina como eje motor para sus argumentos sin considerar que, a pesar de las aparentes ventajas que Teresa parece tener sobre sus homólogos literarios, la ideología sexual siempre la somete a la supervisión masculina y desmorona sus triunfos.

El tejido textual fomenta el cuestionamiento de las ventajas matrimoniales para la pícara que intenta medrar socialmente. El pasaje anterior parte de la idea de que los valores del Antiguo Régimen encarnan un estado de perfección política y social recogido por la literatura de la época, sin reconocer que en esta misma época se genera la supuesta corrupción que padece el personaje. A la trillada corrupción aludida por los críticos literarios, habría que preguntar: corrupción, ¿en relación con qué y con quiénes? Cuando Teresa se adscribe a los valores tradicionales, es rechazada por su falta de linaje. Cuando se propone subvertir el orden dominante, la mano autorial se encarga de recordarle dónde está su lugar en la narrativa. Ciertamente, el texto de Castillo Solórzano no puede leerse como un muestrario de valores tradicionales, pero tampoco va predicando la corrupción por todas partes. Éste va mostrando las zonas claroscuras de un entramado ideológico que no puede prescindir del signo mujer para construir sus valores y mostrar sus contradicciones.

Teresa de Manzanares articula los prejuicios misóginos de su creador, pero la trayectoria narrativa del personaje presenta un panorama muy distinto al proyectado originalmente por la tradición picaresca. El verdadero triunfo de la pícara se labra a partir de los ingresos generados por su trabajo como artesana del cabello. Su limitada autonomía se posibilita porque, en su empeño por perfilar a Teresa como "garduña racional", a Castillo del Sólorzano no le queda más remedio que interrumpir el patrón del género picaresco que equipara a sus protagonistas con los placeres de la carne y sus instituciones pertinentes. En consecuencia, el propio Castillo Solórzano tiene que enfrentarse al doble discurso del patriarcado, porque cada fracaso de su pícara ratifica los valores masculinos de la época, pero no sin antes iluminar las arbitrariedades del texto social.

El matrimonio: ¿empleo salvador o un nuevo cautiverio?

Aunque la crítica literaria insiste en asociar a Teresa de Manzanares con el lenguaje de la seducción, su agitado peregrinar la lleva a descubrir una realidad impensada por sus antepasadas. La institución conyugal, más que ser un empleo salvador, como señalara Carlos Blanco Aguinaga, funcionará en el texto como un cautiverio. A pesar de no entrar dentro de las metas del autor, el texto subraya muy sucintamente la poca protección que tiene la mujer dentro del núcleo matrimonial. Al casarse, Teresa abandona la limitada autonomía adquirida con el trabajo de sus manos. Ésta será una queja recurrente del personaje que se verá envuelto en varios círculos familiares de envergadura social. Si bien es cierto que en un principio la reputación de Teresa depende del buen nombre de sus esposos, también es cierto que, tras la obsesión por mantener el nombre familiar, afloran las ansiedades culturales de la época. La prioridad que recibe el recato femenino en el desarrollo textual muestra cómo la cuestión de la reputación no es sólo una contienda entre los sexos, sino un problema de afiliaciones que no puede prescindir de la mujer. Pensar que el medro femenino posee matices menos amenazantes que el ascenso social del varón sólo puede entenderse como parte de una tradición que no reconoce la importancia del género sexual como un aspecto formativo de las categorías simbólicas de la cultura. El texto de Castillo Solórzano permite reconocer que es indispensable calibrar estas "ventajas" a través de las cuales la pícara parece exceder en oportunidades y beneficios a su contrapartida masculina. Proponer una inversión carnavalesca en las relaciones de poder hombre-mujer a secas puede ser tan engañoso y contraproducente para una óptica feminista, como puede ser el gastado tópico del silencio femenino a causa de la severidad de los códigos patriarcales en la cultura del XVII.

La respetabilidad del estado de viuda le permite un nuevo giro social al personaje. El ingreso de Teresa en los círculos nobiliarios por sus talentos como peluquera subraya el peligro que supone el que no se respeten los límites estamentales. La presencia de Teresa en palacio provoca el malestar textual, ante la posibilidad de ser confundida con la jerarquía nobiliaria. Doña Berengüela, antiquísima custodia de palacio ridiculizada por su vejez, su gula y su exagerada religiosidad, afirma la importancia de mantener las demarcaciones sociales al expresar su aversión por la inclusión de Teresa en el núcleo palaciego: "Vaya la moñera con Dios a hacer moños, y déjenos aquí, que con pagárselos en su casa, podía mi señora excusar el traerla a la suya, a hacerla igual con tantas principales criadas como tiene" (99). El pánico a la no diferenciación estamental puede pasar inadvertido. La exagerada caracterización de la vieja custodia parece estar construida para atacar los valores jerárquicos característicos del Antiguo Régimen, cuando en efecto, es una advertencia para subrayar la importancia de mantener estas divisiones en la organización burguesa. Cuando el perfil textual llega al extremo de subrayar que en las mangas de Berengüela hay nidos de ratones, es evidente que la energía narrativa está funcionando al máximo para ocultar los sistemas de exclusión burgueses que encuentran en este personaje el blanco perfecto para no llamar la atención. El despido de Teresa demuestra cómo los nuevos discursos se nutren de antiguas formaciones sociales barajando aquellos elementos que le son convenientes con los aspectos que conviene desestimar. La reelaboración burguesa de la división jerárquica anterior desemboca en una nueva territorialidad que debe respetarse por la paga metálica que reciben quienes prestan un servicio. A partir de ese momento, queda roto para Teresa cualquier espejismo de integración a una realidad social más elevada a través de la industria del cabello. Su inmediata salida de Madrid marca la negociación de su identidad no por el logro de su trabajo manual, sino por su alojamiento en las fisuras de la ideología adquisitiva de la burguesía.

Nuevas andanzas, antiguos fracasos: entre el trabajo, el matrimonio y la seducción

Teresa comienza su peregrinaje en la sociedad cordobesa asumiendo la identidad respetable que le garantizara el matri-

monio con Saldaña. Teresa de Manzanares pasa al suelo
andaluz como una joven viuda recatada y hacendosa. Teresa
de Manzanares se metamorfosea en Teresa de Manzanedo
iluminando las grietas de una sociedad obsesionada por las
apariencias. Su llegada a Córdoba aparece marcada textualmente por su encuentro con un ermitaño que le da albergue
después de haber escapado de varios hombres que intentan
violarla cuando el coche en el que viaja es asaltado. En la voz
del ermitaño resuenan los ecos del tópico del desengaño, grito
desesperado de la sociedad organicista medieval que ates-
tigua cómo las relaciones de dinero sustituyen las jerarquías
de un mundo divinamente ordenado por los privilegios estamentales. Retirado en una montaña, es decir, alejado del
barullo y las luchas de supervivencia de la ciudad, el ermitaño alecciona a Teresa sobre los rigores del destino:

> La juventud más lozana suele perder su lustre sujeta a cualquier
> accidente; la hermosura más perfecta, en breves días se haya tro-
> cada y a las puertas de la senectud; finalmente quien viviere en
> este mundo y siguiere sus gustos, pretendiere sus honras, bus-
> care sus acrecentamientos, anda errado, sabiendo cuán breve ter-
> mino los ha de gozar [...] No os fiéis de las cosas del siglo.
> Procurad en él vivir ajustada a los mandamientos de Dios, siendo
> muy temerosa de su Majestad, que es principo de sabiduría; acor-
> daos de la brevedad de la vida y la durable que espera si somos lo
> que debemos. (110)

Teresa, interpelada por los cambios que proponen "las cosas del
siglo", hace caso omiso a las advertencias del ermitaño. El
ermitaño queda en la periferia textual. Este pasaje constituye
un apartado alejado del resto de la economía narrativa que se
desarrolla aceleradamente por los ligeros desplazamientos de
Teresa. Parece revelador que la patología socio ideológica del
XVII según la óptica del ermitaño coincida, más tarde en el

texto, con los reclamos de los caballeros toledanos a quien Teresa estafará hacia el final de la obra. Si el ermitaño con su buena fe no puede detener las burlas de Teresa, sí cumple con la tarea de dejar bien establecida la importancia de los binarismos culturales en todas sus posibilidades simbólicas. La dicotomía virtud/perversidad genera las proyecciones colectivas que ordenan la sociedad que desautoriza la débil autonomía lograda por Teresa debido a que su solvencia económica siempre coincide con la ausencia de supervisión masculina.

La acomodada posición de Teresa facilita su desplazamiento dentro de un amplio radio geográfico que contradice los parámetros genérico sexuales que confinan a las mujeres a entornos cerrados como la casa, el convento o el prostíbulo. Desde su recinto cordobés, Castillo Solórzano disfrazado de Teresa dirige sus burlas a los hombres que difieren de las normas de comportamiento, apariencia física y manerismos instituidos por la cultura establecida. Los prejuicios en contra de los hombres afeminados participan en la construcción del imaginario homosocial burgués. No es de extrañar que la broma más cruel del texto esté dirigida en contra de un soprano que encarna el pánico al cruce de fronteras biológicas y culturales entre lo masculino y lo femenino. Con evidente sarcasmo, Teresa se dirige al soprano para ofrecerle sus servicios:

Vuesa merced no ha de sentirse de lo que le voy diciendo, que es fuerza tener la plática este principio para el fin a que la enderezo —y así proseguí—: Pues, sea cosa tan muy cabal, he querido comunicarle una habilidad que tengo, que es, que lo más no se puede remediar, por lo menos encubrir lo que se ve, y que los que no conocen a v.m. no le tengan por falto de nada, y así hágole saber que yo hago una destilación por quintas esencias, tal, que con ella, lavando v.m. su rostro nueve noches cuando se fuera a acostar, quedará al cabo de estos días con barba. Este remedio tan probado, que se hizo la experiencia en un criado mío que me sirve y le verá v.m. con mostachos.

[...]

Esta habilidad señor mío, fuera muy bien premiada si como v.m. hubiera un millón de hombres en el mundo; mas todos los que padecen este defecto, o son pobres o religiosos, que se les da poco por encubrirle, ya que han sido conocidos; sólo con un hijo de una señora he hecho esta experiencia, por quien se hubo de hacer la prueba en este mozo (que de agradecido desto me sirve habrá cuatro años), el cual me gratificó bien el dejarle con apariencia de hombre. No digo esto por encarecer la cura, que mi intención es de servir a vuestra merced y dejarle a su cortesía después de hacerme el favor. (143-44)

La falta de barba expone públicamente la falta de masculinidad del soprano que sufre la marginalidad social. Teresa, junto con Castillo Solórzano se burla del "licenciado Capadocia," pero expone los prejuicios de su época en contra de quienes no encajan dentro de un modelo específico de virilidad. La desesperación del soprano por incorporarse al concepto varonil de la época, hombre de barba, le hace ser fácil presa de la burla del autor-narradora:

Vuesa merced, señora mía, no debe de ser criatura mortal; ángel, sí, que ha venido a esta ciudad para mi consuelo; mil gracias doy a Dios por habérmelo dado a conocer. Yo señora, tengo la presencia que vuesa merced sabe, bastante, no sólo a agradar con ella a los hombres que trato familiarmente, mas a las mujeres, y certificola que aun con mis tachas soy muy solicitado, más por mi talle y gala que por mi voz. Quiso mi corta dicha dármela buena cuando niño, y un tío mío, tutor de una poca hacienda que me dejó mi padre, sin haber en mí rotura alguna, me hizo violentamente castrar, que cada vez me acuerdo de esta inhumanidad pierdo el juicio. (144)

Tras la venta de remedios preparados por Teresa, el soprano capado queda marcado de por vida. Los remedios para corregir su mal le desfiguran el rostro, calmando así, las obsesiones culturales y biológicas de la época que necesitan de la estricta visibilidad de la otredad tanto masculina como femenina para constituirse plenamente.

Con el incidente del hombre capado, el discurso textual forma parte de la mecánica homosocial de la emergente burguesía. Al eliminar cualquier asomo de simpatías hacia un personaje cuya sexualidad raya con la aberración y no con las categorías biológicas y sociales naturalizadas por la cultura, el texto muestra su intolerancia en contra de cualquier expresión textual que ofenda la dialéctica representacional de los sexos. Toda conducta que no encaje dentro del esquema de representación polarizada constituye una afrenta a ser condenada mediante el ridículo como puede verse en el entremés que se le fabrica al capado tras su siniestro encuentro con Teresa. Ésta, representada teatralmente por el personaje Piruétano de la Cochinchina, escucha las reclamaciones del capón que busca su ayuda para remediar el mal que le aqueja:

> CAPÓN. Señor, yo fuera un hombre consumado
> si, con ser yo capón, fuera barbado.
> Yo soy la alegría de las damas,
> quien las divierte allá en sus soledades,
> y, en fin, el ruiseñor de sus beldades.
> Tengo un buen talle, buena voz y cara,
> escápome de ser un mentecato,
> y calza siete puntos de zapato.
> Barbas pretendo, sólo barbas quiero. (156)

El autor utiliza a la pícara como su aliada hasta que sus burlas y movilidad geográfico social despiertan nuevamente las ansiedades de la cultura patriarcal. Al no tener morada fija, Teresa se desplaza hasta Málaga, transitando con liber-

176

tad por las ciudades andaluzas y gozando del anonimato de quien teniendo raíces puede ignorarlas. Esta "libertad" permisible culturalmente en el hombre ha sido condenada en la mujer debido a que las labores reproductoras sociales y biológicas exigen una vida sedentaria. Teresa viola la rigidez del estereotipo al moverse con soltura en un camino que había sido naturalizado para el varón. Sin embargo, la estabilidad narrativa hace imperativo que su vida errante no se prolongue demasiado, y de nuevo se ve en la obligación de someterla a un recinto cerrado familiar, hasta que se descubran sus monumentales mentiras.

La libertad que el autor le confiere a la pícara para burlarse del capado se metamorfosea en una crítica cuando ésta atenta en contra de los valores burgueses que defienden la institución de la familia. Teresa utiliza la historia que le narra el ermitaño para hacerse pasar por la hija de un prestigioso hombre malagueño. Como hija de don Sancho de Mendoza, Teresa goza de los lujos anhelados. Gracias a su hábil manipulación de la retórica sobre los valores familiares de la incipiente burguesía, Teresa logra incorporarse dentro del núcleo de los Mendoza. Al asumir una postura de desapego hacia los bienes materiales, Teresa consigue despetar las simpatías de su padre putativo:

Tenía mi presencia hechizado a mi padre, que se andaba detrás de mí embelesado. Luego no faltaron pretensores para ser yernos suyos, frecuentando la calle con paseos a pie y a caballo; algunos de ellos me propusieron mis deudos, mas yo decía que harto moza era para casarme; que quería gozar un par de años de la compañía de mi padre; que después habría lugar para tratar de tomar estado con su licencia. Con esto le obligaba a quererme más; no había fiesta donde no me llevase y recreación que no viese, gala que no me sacase, y finalmente, era el dueño de su voluntad y hacienda. (178)

Cabría preguntarse por qué, una vez descubierta, tanto Teresa y Hernando son premiados por la mentira orquestada. Me aventuro a sugerir que es debido a la manera en que la época moderna impulsa embrionariamente el concepto de la conciencia individual y el perdón como claves del sentimiento que confiere unidad a la familia. Después de todo, Sancho de Mendoza sí recupera a su verdadera hija, que llega con pruebas fidedignas y reconocibles por él: la cruz labrada. Como sucede con las hijas perdidas en la narrativa cervantina, la afiliación hereditaria se establece por algún objeto o algún rasgo biológico reconocible. Los regalos que Teresa recibe de la familia Mendoza, una vez descubierta su mentira, sellan un pacto no dicho: unos cuantos vestidos y ella desaparecerá permanentemente de su entorno. Mientras los vínculos familiares de los Mendoza se estrechan entre sí, Teresa confiesa la dificultad de adquirir respeto a falta de linaje:

No debe ser culpable en ningún mortal el deseo de anhelar a ser más, el procurar hacerse de más calificada sangre que la que tiene; supuesto lo cual, en mí no se me debe culpar lo que he hecho, puesto que fué con esa intención de valer más, y así, por la trágica muerte de mi señora....Soy de Madrid, hija de un hidalgo de la montaña; hasta ahora me he sustentado con el trabajo de mis manos; por estar sin el cuidado de buscar lo que tengo que comer mañana, quise una vez verme en la alteza de ser vuestra hija; mas el cielo, que permite, pero no para siempre, ha declarado la verdad. (182-83)

Su justificación, como de costumbre, es cierta a medias. Aun cuando tiene la oportunidad de decir la verdad, termina distorsionándola al inventar una herencia paterna que no tiene. En su confesión, Teresa hace referencias a su peregrinar, siempre incierto, debido a la compleja relación de represión-libertad que tiene con el autor, "el cielo", que ordena su destino.

178

La mano autorial le permite a Teresa "salirse con la suya" muy ocasionalmente porque siempre termina imponiendo su voluntad y mutilando las aspiraciones sociales de la pícara para entretener a su audiencia.

La compleja relación existente entre el género picaresco y el género sexual como elementos que generan un espacio narrativo para la incipiente subjetividad narrativa de Teresa de Manzanares se complica aún más con su incursión en el mundo del teatro. En las ciudades de Granada y Sevilla, Teresa logra el estrellato en lo que mejor sabe hacer: fingir. Su consagración teatral se convierte en un metadiscurso de su peregrinaje vital lleno de aventuras, engaños, regalos y fracasos, pero ciertamente, es mucho más. Con su éxito, el personaje desmonta cómo la corrupción ligada al mundo teatral es el producto de su institucionalización. Aunque los capítulos dedicados a la praxis teatral refuerzan el estereotipo picaresco de la mujer promiscua y mentirosa, Teresa denuncia las fuerzas operantes detrás de dicha etiqueta subrayando la falta de protección femenina ante la normativa patriarcal.

La llegada de Teresa a Granada alberga la única posibilidad amorosa concedida a Teresa, en el texto, tras el desengaño de un primer y fallido matrimonio. Junto al hombre de quien se enamora por primera vez, y con el que posteriormente le es infiel a su primer marido, Teresa parece encaminarse hacia el éxito haciendo uso de su gracia y donaire, según ella misma confiesa:

> Con la continuación de visitarme Sarabia tan galán y verle yo representar, se me abrieron las antiguas heridas del pasado amor, y paró todo en matrimonio, persuadiéndome él a que nos casásemos, que con mi buena voz ganaría muy buen partido en la compañía, que junto con el suyo sería suficiente para pasarlo bien

los dos. Tanto me dijo, que me determiné a seguir aquella profesión, a que yo siempre fui muy inclinada desde niña, de suerte que todas las veces que veía comedia envidiaba notablemente a aquellas mujeres de ella y las galas que traían. (190)

Para Teresa, el consorcio conyugal con Sarabia aunaría de manera armónica el mundo amoroso con el profesional. Para Sarabia, el proyecto es muy distinto. El donaire de Teresa y sus talentos en el mundo de la actuación le garantizan una carta fija para vivir a costa de su talento. Las regulaciones teatrales españolas exigían el matrimonio para las actrices de las compañías. Por consiguiente, la incorporación de Teresa al mundo del espectáculo depende directamente de su enlace civil con Sarabia. Teresa se luce en los escenarios teatrales granadinos desplazando a las actrices de reparto que tenían mayor experiencia que la pícara en estas lides. Este éxito es prontamente desmerecido a través de la vida abusiva que le da Sarabia. Si por un lado el argumento textual opaca el triunfo de Teresa, éste también ilumina las fantasías de protección económica y moral que el hombre tiene sobre la mujer.

Teresa se opone a que su ingreso en la compañía venga con el respaldo económico del autor de comedias como sugiere Sarabia. Más que seguir la actitud parasitaria de Sarabia, el personaje se describe a sí misma como autosuficiente para financiar su incorporación dentro del medio artístico. Si bien este gesto no puede catalogarse como indicativo de su falta de ambición, sí demuestra que la pícara conoce el compromiso moral que supondría esta deuda: "yo le dije [a Sarabia] que no embarazase al autor en aquello, que yo me hallaba con trescientos escudos y dos ricos vestidos (que eran los de Málaga) para poder entrar sin deudas con el autor" (190). Su actitud profesional contrasta severamente con la de Sarabia, que tras el inmediato estrellato de su esposa, la insta a que se convierta en una mujer de ilícito comportamiento con sus admiradores:

> Había en Granada algunos señores que estaban pleiteando en aquella Real Cancillería; uno de ellos, caballero mozo, rico y lucido, dio en festejarme y comenzar a hacer regalos de dulces y de meriendas, y acudía a las noches a mi posada. Daba Sarabia lugar, con irse de casa, a que hablásemos a solas, cosa con que yo me ofendía mucho, porque aunque en los de aquella profesión sea estilo, yo quería bien a mi esposo, y no gustaba de aquellas conversaciones, que estimaran mis compañeras en sus casas, teniendo no poca envidia de mí. (191)

Resulta evidente que en la anterior descripción, Castillo Solórzano procura ampararse en el estereotipo de las actrices para denunciar la falta de escrúpulos de todo el gremio actoril a tono con las críticas lanzadas por los detractores del teatro. Si Teresa es el ejemplo máximo de virtud, qué podrá decirse del resto de los integrantes.

El ambiente permisivo de la familia teatral contrasta con el trato digno y respetuoso que Teresa recibe en Málaga, en donde el concepto moderno de familia nuclear va tímidamente sustituyendo al de la familia extendida e imponiendo otros valores como el perdón y la generosidad. Detrás del mundo de triunfos, estafas y fama del mundo teatral, Teresa se enfrenta con la violencia y la inseguridad proveniente del estar casada con un jugador que intenta prostituirla con el mejor postor:

> Llegó la rotura de Sarabia en el juego a tanto, que comenzó a empeñarme los vestidos con que me había de lucir. Con esto no teníamos hora de paz, atreviéndoseme a ponerme las manos. Vino su desvergüenza a tales términos, que me comenzó a decir que bien podía no ser singular en la comedia, sino admitir conversaciones de quien me quería bien, que otras alzaran las manos al

cielo de tener las ocasiones que yo y mayores aumentos.
Finalmente, él me dió a entender que no le pesaría verme
empleada en el príncipe que me pretendía, con lo cual vía abierta
permisión a toda rotura, y en el dispuesto sufrimiento para todo.

Una de las cosas que más hacen perder el amor que tienen las
mujeres a los hombres es el verse desestimadas de ellos, y en particular ser tratadas como mujeres comunes y de precio. Visto lo
que Sarabia me había dicho, desde aquel punto se me borró el
amor que le tenía, como si no fuera mi esposo y le hubiera amado
tanto. (193)

Convertido en un infierno, el recinto matrimonial deja de ser
para la pícara la síntesis perfecta de los espacios profesionales y
afectivos. La disolución del amor como el tropo que organiza los
planes de medro de Teresa es evidente. Este nuevo fracaso muestra una amarga contradicción para la normativa patriarcal: en el
mundo profesional del teatro, la práctica del adulterio está institucionalizada, y la pícara procurará aprovecharse de ello. En esta
nueva fase del personaje, la promiscuidad no puede desligarse del
lenguaje legislativo de los saberes y poderes de la época. La disolución del vínculo matrimonial implicaría que Teresa tendría
que buscar otra carrera u otro esposo dentro del gremio actoril.
La decisión de la pícara de mantener el *status quo* de la situación
sólo podría considerarse como indicativa de una debilidad de
carácter si se ignora cómo ambos personajes masculinos, Sarabia
y el amante, fomentan y consienten la situación:

Dióme la ocasión, y yo no la dejé pasar: así que comencé más afa-
ble a dar ausencia al príncipe, el cual comenzó a cuidar de mí por
lo mayor, gastando conmigo largamente en galas, pues me daba
cuantas se ofrecían al propósito de las representaciones.
[...]
De este género tenía cada vez más que había comedia nueva
papeles. Queríame bien, y no reparaba en gastar cuanto le pedía,
aunque fuesen impertinencias, como tal vez se ofrecía para el vestido

de ángel, ya el de mora, ya el de bandolero, ya el de india, de suerte que él era el obligado a adornar todas mis transformaciones a costa de su moneda, que gastaba conmigo sin duelo. Harto se daban al diablo sus criados; pero él hacía su gusto. (193-94)

Teresa se convierte en la prenda que define la relación de poderes entre ambos personajes. Al ser la mujer más admirada en la sociedad sevillana por su espectacularidad teatral, el príncipe enamorado compra la compañía de Teresa bañándola con regalos que no lo comprometen en ninguna manera. Sarabia, por su parte, ve la libre financiación de sus vicios. Los abusos domésticos que antes había conocido con el robo de las viejas y el encierro de Saldaña se cristalizan en el maltrato físico de Sarabia, hasta que la pícara aprende cómo sacarle partido económico a una situación tan adversa. Su habilidad para salir triunfante a pesar de los planes de prostitución del marido generalmente pasan desapercibidos por el peso de una tradición literaria que sólo asocia a la mujer con los placeres de la carne. Las quejas de Teresa han pasado inadvertidas, como si este tipo de comportamiento abusivo en contra de la mujer fuera el correlato literario de la justicia divina, y no la consecuencia directa de un sistema asimétrico de poder en cuanto a la asignación de identidad, valores y disposiciones legales entre los sexos. Indudablemente hay un comentario de clase social en la relación con la pareja Sarabia-Teresa, que guardaría para esta última sus consecuencias más denigrantes. El escrutinio legal de la prostitución matrimonial entre las clases menos privilegiadas está documentado en los archivos históricos. Los casos en que el marido prostituía a su propia mujer llegaron a ocupar la atención de Felipe II en su Nueva Recopilación de Leyes.[54]

---

[54] Perry, p. 140.

El matrimonio queda totalmente desprestigiado como el lugar común de la cultura establecida que brinda protección a la mujer. Durante su casamiento, Teresa, no sólo se convierte en la compañera del príncipe, sino que sufre el acoso del autor de comedias. Si Teresa acepta al príncipe, su rechazo al autor de comedias es categórico. La acumulación de prendas del vestir, sus ingresos como actriz y el dinero acumulado a través de sus historias le permiten rechazar las proposiciones del autor. Teresa confiesa ser diferente de algunas de sus compañeras de reparto a quienes la necesidad de mantenerse activas en la compañía las obligaba a entablar una relación íntima con el autor:

> Era el autor viudo, y muriósele en la compañera que faltó; quiso que como le sucedí en los papeles le sucediera en el amor; yo no estaba de ese parecer, ni era como las otras, que le obligaban con sus cuerpos porque no faltase moneda en sus bolsas, digo la ración y la representación cierta. Yo me tenía mi dinerillo, que ocultaba de Sarabia, y no sabía de él sino Hernando, que todavía asistía a mi servicio. Con esto no había menester dar gusto al autor ni aun al príncipe, y así me esquivaba de todos. (192)

Castillo Solórzano entretiene a su audiencia poniendo a Teresa en aprietos de los que ésta saldrá airosamente porque sabe cómo ofender las mentalidades masculinas. Las constantes idas y venidas de la pícara muestran cómo en su peregrinar Teresa se ve forzada a transitar por varias posiciones subjetivas con el propósito de construirse una identidad. En los momentos en que la pícara declara su autonomía económica, su "dinerillo", el forcejeo narrativo se inclina a favorecer al personaje desarmando el control autorial.

La posibilidad de generar ingresos sin tener que recurrir a la seducción erótica libera al sujeto narrativo de la normativa patriarcal encarnada y extendida textualmente por los binarismos simbólicos del género picaresco. Propagadas de modo sistemático, estas polaridades culturales pierden la fuerza de su sofocante síntesis cuando aparece un tercer símbolo que desequilibra su fusión simbiótica. En el caso de Teresa, son sus manos, su donaire y su voz los que aunados trabajan para garantizarle un espacio de expresión desde esa mudez murmurante de la página, sugerida por Iris Zavala. De la misma manera que Teresa castiga la persecución del autor de comedias porque no hace caso de sus lances sexuales, su fingida enfermedad la sitúa fuera del molde temático que de modo tradicional la perfilara como un modelo erotizado de su homólogo masculino. Como primera dama de la compañía, Teresa consigue paralizar las actividades comerciales de la compañía. Su público la aclama por su singular donaire. Fingiendo que una enfermedad la incapacita para ejercer como dama principal de la comedia, Teresa desdibuja la tradicional fisionomía de sus progenitoras ligada primordialmente a los potingues, los hechizos y a una retórica soez.

Tras la experiencia sevillana, Teresa manipula la promiscuidad masculina y la convierte en una empresa beneficiosa para sí, asaltando a cuantos hombres se proponen seducirla. Esta inversión de roles provoca el desconcierto textual porque enturbia una clara división entre los roles masculinos y femeninos, al igual que empaña la demarcación del modelo de virtud y perversidad dentro del género femenino. Consciente de la fugacidad del valor de cambio de su cuerpo, Teresa se niega a participar de manera precipitada en la transacción del comercio carnal. Su reconocimiento del aspecto lucrativo de la energía libidinal masculina se entronca en una economía de género que gratifica al varón según el valor de la prenda femenina. El discurso de la seducción y la conquista se vigoriza por las exigencias comunitarias masculinas que ven en la mujer virtuosa el mayor escalón para la afirmación de su subjetividad. Sobre sus lances para pescar a su tercer marido, señala la pícara: "Conocí su afición, y por que cayese el pez con más deseo del cebo, neguéle una y muchas súplicas que me hizo quererme visitar, y así mismo dejéme ver poco en la iglesia, con lo cual andaba el buen perulero bebiendo los aires por mí" (214). Teresa saca partido de la dependencia masculina en los modelos de ejemplaridad femenina, y se transfigura en un icono de recato y devoción en el antiguo recinto sevillano donde había sido famosa en el mundo del espectáculo.

Afirmando un linaje falso y un amparo familiar inexistente, Teresa logra conseguir sus propósitos matrimoniales con Don Alvaro, a pesar de sus pasados desencantos nupciales. Carlos Blanco Aguinaga ha señalado que Teresa, en su insistente búsqueda de seguridad económica, opta por un comercio en el cual la mercancía es ella misma porque sólo así le será posible la "sobrevivencia en libertad". Comenta Blanco Aguinaga: "La vida de actriz o prostituta es poco segura, de ahí que, con suerte y habilidad, se traduzca varias veces la prostitución en "empleo" salvador, aunque a partir de la "libre" contratación de la pareja, este "empleo" resulte también participar de la odiada servidumbre".[55] El reconocimiento de la facilidad con la que el contrato matrimonial se convierte en una nueva manifestación opresiva, especialmente, para la mujer de las clases menos privilegiadas, distancia el artículo de Blanco Aguinaga de la miopía crítica que sigue privilegiando el matrimonio como máximo vehículo para el

---

[55]Carlos Blanco Aguinaga, "Picaresca española, Picaresca inglesa: Sobre las determinaciones del género", *Edad de Oro, 2*, Universidad Autónoma de Madrid, Madrid, 1983, p. 62.

buen funcionamiento social sin reconocer sus potenciales estragos. La reincidencia matrimonial de Teresa podría catalogarse como una forma de prostitución honorable —"empleo salvador",— pero cabría preguntarse hasta qué punto esta interpretación anula el caudal perturbador del personaje en cuanto se resiste a la definición como prostituta o como dama ejemplar. Mientras permanece fuera del ámbito matrimonial, Teresa genera sus ingresos y decide qué tipo de relaciones han de materializarse en su vida. Esto no ocurre con su vida de mujer casada: "Escapé de un celoso; di en un jugador, y en el tercer empleo hallé un indiano que, si no fue jugador, era la suma miseria y los celos mismos" (219).

La imagen de la pícara promiscua poseedora de una energía libidinal ilimitada es sustituida por la de una mujer hastiada por las obligaciones genérico sociales con las que tiene que estar maniobrando sin cesar para proyectar la imagen perfecta de los ideales de domesticidad femeninos que lentamente se van gestando en el siglo XVII. Castillo Solórzano utiliza a su pícara para ridiculizar a los clanes masculinos que han sustituido las viejas obsesiones de la sangre y el linaje por las del recato femenino, igualmente antiguo. La vida que llevaba Teresa al andar errante es muy distinta a la que le toca vivir con su tercer marido:

Juzgábase mi indiano ya en mayor edad, no suficiente para los deleites del consorcio, y a mí, moza y que esto me había de cansar y buscar nuevo empleo, con lo cual hizo prevenciones para guardarme y no me perder de vista, aun con mayor extremo que el primer dueño que tuve. Las ventanas habían de estar siempre cerradas; el salir había de ser siempre en el coche y corridas las cortinas de él; la asistencia de casa era casi siempre, menos desde las diez de la mañana hasta casi el mediodía, que esto era en la lonja y en la casa de contratación: amigo ninguno no le había de entrar en casa, ni visitarme, ni tampoco lo consentía aun a mis amigas. Con todo, lo pasaba mejor que con Lupercio de Saldaña, que buen siglo goce, porque la compañía de su hermana de don Alvaro me era grande alivio, pues con ella pasaba mejor mi clausura. No era la que menos de las dos sentía estos extremos de su hermano, y decía (indignada con él) que si supiese que tenía tal condición no la trajeran de Navarra por ningún caso. (220)

La compañía femenina es el único incentivo para soportar el claustro matrimonial. Aunque la amistad entre esposa y cuñada está presentada en el texto para acentuar el estereotipo de la complicidad femenina para transgredir las leyes del decoro, esta relación también opera para desarmar la lógica de las relaciones homosociales burguesas que predican la inviolabilidad del enlace matrimonial.

El desarrollo argumental hace que la responsabilidad de transmitir la importancia del matrimonio como institución que no puede disociarse de las apariencias morales recaiga en Don Sancho y Don Diego, pretendientes de Teresa y Leonor, respectivamente. A pesar de que ellos son los primeros en no respetar la posición social de Teresa y su cuñada para satisfacer sus caprichos amorosos, la situación cambia una vez que Diego y Leonor contraen nupcias. Teresa se convierte en el elemento que ha de ser extraído para la adecuada circulación del prestigio familiar. Una vez descubierta la pasada afiliación de Teresa al mundo del espectáculo sevillano, su exclusión del nuevo círculo familiar de Leonor no se hace esperar, es inmediata.

Con la fama del dote que ella tenía había muchos pretendientes; pero no se olvidaba de la afición de don Diego, fué a él a quien guardó el primer decoro, de manera que le estuvo muy a cuento casarse con ella y entrar en su casa tanta cantidad de hacienda. Hiciéronse las bodas con grandes banquetes, máscaras y regocijos, y acudía don Sancho a frecuentar mi festejo, si bien sólo le daba lugar a hablarme, mas no pasaba de allí, porque también me tenía mis humos de que se casaría conmigo, y estaba engañada; que de liberarse una mujer casada a hablar a un hombre soltero, cierra la puerta a que él no se confíe de ella y elija por mujer, haciéndose cuenta que quien se olvidó del honor de su marido por admitirle por galán, después hará lo mismo. Sea este aviso para las mujeres casadas, y no se determinen a ser livianas para perder el crédito de fieles, como yo lo perdí con don Sancho. Esto mismo le obligó a don Diego para no me mirar con buenos ojos, recelándose de mí y temiendo no diese algún dañoso consejo a Doña Leonor, la cual le quería con grande extremo, y así deseaba que se ofreciese ocasión en que apartarme de su compañía. (234)

Teresa acusa el doble discurso del patriarcado en relación con los ideales de conducta masculina. Como configurador de los discursos impuestos sobre la mujer, el varón define la conducta femenina a pesar de que su comportamiento permisivo va en contra de las verdades oficializadas por las expectativas masculinas. Teresa desteje esa retórica y queda excluida del sistema de parentesco, por no haber mantenido su posición de señora con el decoro necesario. La virginidad de Leonor, al contrario, le garantiza su ingreso a la familia de Don Diego que, dicho sea de paso, recibe con beneplácito la suma de dinero que le correponde por ser la heredera del indiano. La historia de Teresa la lleva a un nuevo fracaso del cual sólo extrae algún dinero en efectivo, lo único que confiesa la consuela de sus "trabajos" (240).

Tras el tercer desencanto matrimonial, Teresa se dedica irremediablemente a vender el potencial de ser poseída, permaneciendo en un territorio claroscuro en que se enfrentan la criatura angelical con la diabólica. Como dama cortesana, Teresa procura explotar la obsesión masculina con el tema de la castidad y, por ello, durante su estadía en Toledo se dedica a arruinar a sus pretendientes sin concederles sus deseos sexuales. Como Doña Laura de Cisneros, Teresa procura ser la viuda más cotizada en el suelo toledano adaptando la retórica del decoro para lograr que sus pretendientes anduvieran "embelesados y sacar de ellos cuanto pudiese sin que consiguiesen sus deseos" (249). El personaje se construye como sujeto narrativo destejiendo la retórica erótica que marca su otredad: la desenfrenada conducta sexual sólo desembocaría en su miseria. Con la acumulación de regalos que posteriormente pueden ser cambiados en dinero efectivo, la pícara cuantifica la lógica del discurso de la castidad de una forma que desafina los ideales del patriarcado. Es ésta la inestabilidad narrativa que tiene que suprimirse con el matrimonio o con el descubrimiento de sus falsas historias. Es cierto que la pícara necesita "siempre pareja", como señala Blanco Aguinaga. Esto, sin embargo, más que una necesidad inherente en la mujer, es un artificio textual creado para neutralizar la alarmante preocupación de que la pícara peregrine con libertad, sin mayores preocupaciones que aumentar su caudal. No es de extrañar que sea un hombre el que deje a Teresa en la miseria empleando las mismas promesas de seducción que ella ha utilizado con sus admiradores. Al seducir a Emerenciana, esclava a la que Teresa comienza a indoctrinar en las lides amorosas, Jorge de Miranda, un viejo criado disfrazado de indiano despoja a Teresa de sus joyas y le roba a la criada. Con evidente sarcasmo, la voz narrativa hace añicos los planes de Teresa. Las mujeres que procuraban burlar, ahora son las burladas:

> Era la casa de otro tan grande bellaco como él, y quisieron que por aquella noche pasase la mentira del fingido indiano, llamándole siempre y con respeto el señor don Jorge de Miranda. No faltaron sirvientes que les asistieran a la cena, pasando plaza de criados el indiano. Cenóse alegremente, no le estando menos

Emerenciana, juzgándose mujer de un caballero rico y principal.
Acabada la cena, les tenían prevenida una blanda y limpia cama,
donde se acostaron los dos, y aunque sin bendiciones, Berenguel
(que así se llamaba el viejo) gozó el fruto de sus deseos. (275)

Al concluir la novela, Castillo Solórzano destruye cualquier
ilusión que potencie la idea de que el cuerpo de la pícara es
una fuente segura de ingresos. Todo lo contrario. La sexualidad libertina y la vanidad con la que tradicionalmente se ha
asociado al género picaresco acentúa la marginalidad social
del signo mujer cuando éste se halla fuera de un sistema de
parentesco respetable. La estratégica adopción del discurso
de la castidad revela las grietas dentro de los binarismos
patriarcales desnudando sus arbitrariedades. Más que
desnudar su cuerpo, Teresa aprende a cubrirlo con prendas
para que sus admiradores aprendan que el lenguaje de la
seducción tiene un precio. Lección, demás está decirlo, no
aprendida por Emerenciana, quien termina burlada. Teresa
sufre el castigo de quedar sin gran parte de sus bienes y
sometida a un nuevo cautiverio tras un cuarto enlace nupcial. El cuerpo de la pícara funciona simbólicamente para
organizar el imaginario cultural en prácticas aceptadas y no
aceptadas. El peregrinar de Teresa contrasta con el de su
amiga Teodora, quien a pesar de no tener los talentos de la
pícara, termina casada con un comerciante, con el que tiene
hijos y una solvente posición económica. Los días como peluquera o como la dama de la voz y del donaire han quedado
atrás. Teresa parece salirse con la suya y no recibir el castigo
o arrepentimiento naturalizado por el género picaresco
para salvar a sus hijos pródigos. Sin embargo, ¿dónde ha
quedado la posibilidad de gestarse un destino gracias a la
autonomía generada por el trabajo de sus manos, su donaire
y su voz?

IV. MATRIMONIO, SANGRE Y HERENCIA: EL DILEMA DEL CUERPO DE LA MUJER ARISTOCRÁTICA EN DOS COMEDIAS DE TIRSO DE MOLINA

En comparación con escenarios europeos en que la actuación teatral de la mujer estaba prohibida, la activa participación femenina en el teatro aúreo español contribuyó a acentuar su visibilidad social y a aumentar sus posibilidades materiales para gestarse un espacio propio dentro de la cultura del Antiguo Régimen.[56] La industria teatral española se convierte así en una práctica directamente implicada en el cuestionamiento, rechazo e impulso de los modelos identitarios femeninos que conforman el imaginario castellano. Los controvertidos referentes textuales del teatro aúreo cristalizan ardientes polémicas que se distancian de las coloraciones arquetípicas que la crítica tradicional le ha otrogado a los personajes de la comedia. Hablando sobre *El burlador de Sevilla* y *convidado de piedra* (*circa* 1626), obra atribuida a Tirso de Molina, Catherine Connor, ofrece una sugerente lectura que combina postulados teóricos del nuevo historicismo y la antropología. En ella, Connor señala la centralidad de la

---

[56]Consultar el trabajo de David Román, "Spectacular Women: Sites of Gender Strife and Negotiation in Calderón's *No hay burlas con el amor* and on the Early Modern Spanish Stage". *Theatre Journal* 43 (1991), pp. 445-456; Josef Oehrlein, *El actor en el teatro español del Siglo de Oro*, Castalia, Madrid, 1993.

sexualidad y la hegemonía como elementos indispensables para la construcción e interpretación del mito del seductor de mujeres. El signo Don Juan, propiamente historizado, pierde su dimensión mitómana mientras subraya las fisuras que permiten su lectura como signo de negociaciones culturales:

> Throughout literary history, Don Juan's fame as a literary hero —as an archetype on a par with Hamlet, Faust and Don Quixote— is always defined by sexuality and hegemony. Nevertheless, the common thread among Don Juan texts must necessarily weave a different course through each of the particular socio-cultural and historical contexts in which the Don Juan hero is reincarnated. In the case of the Don Juan attributed to Tirso, the Don Juan figure clearly belongs to the patriarchal power elite of early modern Spain...As a young heir to the power structures of his society, Don Juan is developing the masculine values that his aristocratic culture holds dear: honor, strength and manly valor accompanying wealth and privilege... In a sense, as he crosses the threshold into full manhood and practices his society's prescribed male roles, Don Juan is becoming a cultural hero: a model of daring, of gallant manliness, and a man worthy of admiration by other socio-politically bonded men. However, like a trickster figure —who is also a culture hero— Don Juan's hero status functions negatively and positively within his society. Like the dynamic and astutely agile trickster, he can easily slip form culture's hero to culture's rebel, from fixer to disrupter, from fooler to fool. He can slide from center to margin, from being a paradigmatic practitioner of commonly held values to a prototype of dangerous, uncontrolled excess.[57]

La noción de exceso que acompaña la figura de Don Juan hace que su polivalencia emblemática atraviese varios cam-

---

[57]Catherine Connor, "Don Juan: Cultural Trickster in the Burlador Text", *New Historicism and the Comedia: Poetics, Politics and Praxis*, ed. José A. Madrigal, Society of Spanish and Spanish-American Studies, Boulder, 1997, p. 86.

pos semánticos. La construcción dramática del personaje se vale del enfrentamiento de mitos relacionados con la masculinidad para subrayar la degeneración de los valores del medioevo frente a la dinámica social del Antiguo Régimen. Para María Mercedes Carrión, por ejemplo, las capas dominantes de la sociedad y sus mecánicas para consolidar el poder quedan hábilmente parodiadas en la comedia. El discurso dramático elude interpretaciones dogmáticas mediante el manejo de las dicciones poéticas y culturales de la época.[58]

La mecánica orquestación de las burlas de Don Juan destapa las ansiedades históricas, genéricas, estéticas y religiosas que fracturan la armonía del cuerpo social y político del drama. Dentro de un espacio escénico en el que se ventilan agudas polémicas que interrumpen todo principio de ordenamiento social, el carácter legendario de la masculinidad se apodera de la escena mientras reduce la participación del signo mujer a desenmascarar escénicamente las alianzas oligárquicas. En este sentido, es importante sostener con Carrión que los personajes femeninos se pierden dentro de tupidas relaciones homosociales hasta el extremo de que las burlas sólo adquieren significado cuando se plantean como ofensas directas en contra de cerrados circuitos patriarcales:

Don Juan's anticipated delight represents a desire to consummate one more act of villainy, the "tricking of a woman" ("*burlar a una mujer*"). From this specific point of view, he is adhering ad literam to Covarrubias' definition: "a lying deceiver, one who damages others" and who has little *valor* (value, courage) and *asiento* (balance)," for his "*burlas se contraponen a veras*" ("are contrary to truth"). But he is

[58]María Mercedes Carrión, "The Queen's Too Bawdies: *El burlador de Sevilla* and the Teasing of Historicity", *Premodern Sexualities*, eds. Louise Fradenburg and Carla Freccero, Routledge, New York and London, 1996, p. 52.

indirectly —if powerfully— moved as well by an irresistible temptation to "dump her and dispossess her of her honor" ("*dejalla sin honor*"), that valuable token of responsibility and good citizenship that sets in motion the majority of social and dramatic conflicts in Golden Age Spain... But even though Don Juan acknowledges in public that he derives his pleasure from the combination of "burlar" and "dejar sin honor," the transgression is not directly related to the sexed aspect of the body, at least not literally, in the case of Doña Ana. Her silence makes Don Juan's third *burla*, more than any other one perpetrated in the text, primarily affect those who can effectively restore the offense and thus are the ultimate receptacles of the precious social commodity of honor: Don Gonzalo, her father; Mota, the suitor; and Octavio, Doña Ana's fiancé by royal order...Her figure is simply the currency for a series of transactions of power. (1996, Carrión 50)

Como señala Carrión, el caso de Doña Ana es puntual para señalar cómo el patriarcado se nutre de relaciones triangulares en donde el signo mujer circula como la prenda que certifica la superioridad del mejor postor. La metáfora del comercio es efectiva para subrayar la "desaparición" de la figura femenina conforme la identidad masculina va apoderándose de la escena. Sin embargo, cabría preguntarse si la participación de las mujeres aristocráticas en *El burlador de Sevilla y convidado de piedra* se inscribe en el tejido dramático sólo en función de la marginación patriarcal que las reduce al espacio de la pérdida, o si quedan otras historias esperando ser contadas en el caso de la Duquesa Isabela y Doña Ana. Al abordar la construcción de los personajes aristocráticos femeninos en *El burlador de Sevilla y convidado de piedra*,[59] haciendo breves referencias a la caracterización mitó-

---

[59]Edición consultada para este capítulo, *El burlador de Sevilla y convidado de piedra* (comedia atribuída a Tirso de Molina), ed. Alfredo Rodríguez López-Vázquez, Cátedra, Madrid, 1991. De aquí en adelante, me referiré a este texto como *El burlador*.

mana de la reina Doña María de Molina en *La prudencia en la mujer*,[60] es evidente que mi lectura no celebra las nociones transhistóricas con las que comunidades peninsulares e internacionales han celebrado los mitos de Don Juan y de la reina María de Molina. Partiendo de los aspectos represivos de la subjetividad patriarcal, este estudio presenta una lectura que muestra la embrionaria formación de un sujeto femenino por su directa implicación en la configuración de las relaciones colaterales aristocráticas. A través de una estudiada manipulación del eros y sus ramificaciones sociopolíticas, las aristocráticas no sólo dejan al descubierto las estrategias mediante las que se construyen, generan y cuestionan los comportamientos masculinos licenciosos. Tras implicar directamente a las oligarquías palaciegas por el deterioro moral y económico de la monarquía castellana, ambas comedias también problematizan el alcance político de la intimidad de los personajes femeninos que persiguen sus deseos frente a las voluntades, poderes y saberes masculinos.

Los matices lujuriosos que conforman la retórica del gusto femenino confirman el encuadre ortopédico que articula el placer femenino sólo en función de su negativa ejemplaridad. El carácter aleccionador de la comedia ha dado paso a que los términos ligados al protocolo afectivo ocupen un rol central porque las referencias concretas a los "favores", las "mercedes" y los "regalos" terminan debidamente contenidas por desenlaces argumentales como el matrimonio, la vocación religiosa o la muerte. El comportamiento sexual femenino está regulado en la comedia, pero constructos genéricos como la promiscuidad, la virginidad y la constancia exhiben sus facetas pedagógicas. Este

---

[60]Edición consultada, Tirso de Molina, *La prudencia en la mujer* (1633), ed. Juana de Ontañón, 9a. ed., Porrúa, México, 1987. De aquí en adelante me referiré a este texto como *La prudencia*.

carácter estratégico puede ser fácilmente desmantelado para rescatar posiciones subjetivas que no coincidan con las agendas ni las nomenclaturas patriarcales de la comedia.

La obsesión de las elites aristocráticas por regular el comportamiento sexual de sus mujeres apenas comienza a recibir la atención de la crítica. El desalmado comportamiento sexual de Don Juan, eje central de múltiples lecturas, ha logrado que la mecánica simbólica del patriarcado pierda su carácter metafórico y comience a iluminar los aspectos materiales que hacen de las aristocráticas un vínculo indispensable para afianzar los núcleos oligárquicos. Para las comunidades nobiliarias organizadas a través de estudiados sistemas de alianza, parentesco y consanguinidad, el matrimonio constituye el primer eslabón para asegurar la transmisión del patrimonio familiar en sus versiones materiales e inmateriales.

Castidad y gobierno: una breve mirada a *La prudencia en la mujer*

La producción teatral del mercedario le ha dado un lugar preferencial a la representación femenina. Como pocos dramaturgos de su época, Tirso hizo uso de la figura femenina para hacer frente a la corrupción de las elites gobernantes. En su manifestación más ortodoxa, la recuperación de la memoria histórica castellana se construye en directa relación con la defensa del tropo de la castidad. El intachable comportamiento de la reina viuda María de Molina se convierte en emblema nacional para los espectadores de la comedia. La renuncia a un segundo matrimonio se desdobla metafóricamente en la defensa de una conservadora política nacional, caracterizada por el rechazo de influencias extranjeras y por la estricta supervisión de las oligarquías castellanas. En *La prudencia*, la regulación de la sexualidad femenina respalda los ideales políticos y religiosos del mercedario, pero también confirman cómo la sexualidad puede ser manipulada de manera estratégica para que la mujer aristocrática active sus capacidades como sujeto agente. Estudiada a la luz de un contexto jurídico y legal, la castidad rebasa su matiz moral para convertirse en una opción femenina con sólidas repercusiones políticas. Como personaje dramático, la reina Doña María sabe lo que las damas de *El burlador* habrán de aprender tras el escarnio público y la intervención, divinamente ordenada, por parte de Don Gonzalo de Ulloa. Mientras los personajes femeninos de *El burlador* ganan ejemplaridad escénica por medio de la instauración final de los valores contrarreformistas de la comedia, la caracterización de la reina jamás se aparta de la normativa ortodoxa.

La castidad en la comedia, lejos de ser una ciega afiliación a los valores patriarcales, es una deliberada maniobra orientada a desarticular las artimañas políticas que excluirían los discursos religiosos de la dirección del estado. El tropo amoroso es crudamente denunciado como una maniobra para esconder objetivos políticos masculinos. Por ello, el amor se convierte en un sentimiento "torpe" que, además de sus connotaciones lujuriosas, atenta contra los ideales de unidad nacional: "Ya yo sé que no el amor,/ sino la codicia avara/ del reino que pretendéis/ os da bárbara esperanza/ de que he de ser vuestra esposa" (I, 165-69). En un gesto de afirmación política y personal, Doña María se impone escénicamente haciendo referencia a la innata relación entre el principio de castidad y los valores nacionales. Su identidad soberana en la comedia aumenta conforme su prudencia se activa en función del porvenir estatal. Libertad personal y defensa estatal son un mismo ideal para la reina. La separación lingüística entre el "tálamo" y el "túmulo" opera como una de las metáforas rectoras de un discurso en que también exige el absoluto respeto de las jerarquías estamentales y étnicas que sostienen la nación castellana. Debido a que su alma no es "pechera" ni "villana", la reina encarna un espíritu varonil que excede al de las jerarquías masculinas de *La prudencia*. Al ampararse férreamente en las leyes civiles y religiosas, la Reina se distancia de quienes esperan que adopte un comportamiento "infame" que la obligue a asumir una posición periférica en los asuntos de estado mediante un nuevo matrimonio.

La prudencia habilita a la reina para desnudar los resquicios de poder de sus adversarios políticos aunque, desafortunadamente, la propuesta del discurso dramático permanece encerrada dentro de la dicotomía patriarcal cuerpo/espíritu. Las tres "almas" de la reina, como soberana, reina viuda y madre, virilizan su cuerpo sin llegar a ofrecer una crítica sobre la ideología sexual ni a perturbar el carácter instrumental de los constructos genéricos.[61] La espiritualidad y el gobierno propuesto por la reina refuerzan el carácter mitómano de la comedia. La didascalia que anticipa el fin de la primera jornada, por ejemplo, celebra los signos masculinos de la cultura religiosa mientras se reconoce por la retórica de las acotaciones que la participación femenina es crucial para perpetuar la ideología masculina: "Descórrese una cortina en el fondo, y aparece la Reina en pie sobre un trono, coronada,

---

[61]Las recientes investigaciones sobre la producción textual femenina en los siglos XVI y XVII afirman que la construcción del sujeto escriturario femenino coincide en ofrecer esta crítica al patriarcado. Consúltense los siguientes textos, María Milagros Rivrea Garretas, *Textos y espacios de mujeres: Europa, siglo IV-XV*, Icaria, Barcelona, 1990; Alison Weber, *Teresa of Avila and the Rhetoric of Femininity*, Princeton University Press, Princeton, 1990; Franco, *op. cit.*; Jantzen, *op. cit.*; Luna, *op. cit.*; Zavala, *op. cit.*

con peto y espaldar, echados los cabellos atrás, y una espada desnuda en la mano".[62] La espada, símbolo patriarcal del Medioevo, complementa la indumentaria guerrera de la reina prudente cuyas entrañas maternas modelan la conducta ejemplar castellana y su constante reproducción.

Las transacciones simbólicas que virilizan el alma de la soberana presentan su identidad en función de su capacidad de mantener su vientre impoluto, como un conducto que garantiza íntegramente el principio de troncalidad familiar. Dada la sincrónica orquestación entre montaje escénico y texto escrito, es difícil encontrar espacios en que el signo soberana-viuda-madre se desvíe de estas opciones identitarias. *La prudencia en la mujer* se sustenta temáticamente mediante conservadora política estatal estructurada como una respuesta dramática para combatir la corrupción de la monarquía castellana. Nuevamente, la oligarquía palaciega, representativa del sistema de validos de la época, se convierte en el blanco certero de las acusaciones del fraile mercedario. Sin embargo, su aguda percepción de las contiendas hegemónicas le permiten encontrar un aliado en los discursos residuales para detener el paso a una modernidad que su discurso considera nociva. Lo que la crítica tradicional percibe al recalcar que Tirso fue gran conocedor del "alma femenina" (Ontañón xviii) podría ser abordado en términos menos metafísicos. Ante el repertorio de imágenes que asocian a la mujer con la retórica del pecado, la imagen casta de la mujer cuestiona la arbitrariedad con que se formulan dichas aseveraciones. Sin embargo, la imagen de perfección femenina es problemática para hablar de nuevas posiciones subjetivas porque esta ejemplaridad siempre se construye a

---

[62]Puesto que la acotación no forma parte del cómputo de versos, doy la referencia a la página en que se encuentra. *La prudencia*, p. 227.

partir de ideales de conducta masculinos. La comedia ratifica categóricamente los ideales masculinos que descansan sobre el retrato de la mujer perfecta. Sin embargo, con su destrucción del mito de la irracionalidad femenina, el discurso dramático de Tirso también insiste en reevaluar a la mujer por su función específica dentro del sistema de parentesco. Porque ha producido un heredero, Doña María se apega a las medidas prescriptivas de los cánones religiosos para combatir el aura enigmática que la rodea por ser viuda. Sólo la aceptación de éstas le garantizarían el estado de gracia necesario para cancelar el estereotipo aberrante que la asocia con un voraz apetito sexual. La necesidad de canalizar las creencias populares por los apropiados senderos morales hacen que el tratadista Juan Luis Vives perfile el ideal de conducta para la viuda de la siguiente manera: "No debe pensar que su marido es del todo muerto, mas que vive con la vida del alma que es verdadera vida y mientras ella le tuviere en su memoria será vivo para ella [...] Viva de manera como que es cierta y segura de agradecer con su vivir no ya a varón, sino a un espíritu símplice y puro y casi divino a quien tiene por conoscedor".[63] Si esta prescripción religiosa tiene como objetivo someter a la mujer viuda dentro de los marcos del buen comportamiento masculino, no es menos cierto que también le ofrece una justificación oficial para mantenerse sola después de la muerte de su marido. A pesar de que las segundas nupcias se aceptaban en la época, Vives recuerda que la devoción al esposo muerto seguía siendo preferible, "mejor contenerse que segunda vez casarse, solo es consejo de cristiana puridad" (Vives 169). Doña María manipula las alternativas oficiales para no ceder al matrimonio y legitimar su

_____

[63]Juan Luis Vives, *Instrucción de la mujer cristiana*, ed. Salvador Fernández Ramírez, Signo, Madrid, 1936, pp. 159-160.

posición de regenta hasta que su hijo pueda heredar el trono. Ya que la transmisión de los bienes materiales e inmateriales se configura jurídicamente a través del recato femenino, la reina se presenta escénicamente a través de su abierta confrontación de las emboscadas legales de sus enemigos.

"Para que el alma dé fe del bien que llego a gozar": la burla o el desacato patriarcal en *El burlador de Sevilla y convidado de piedra*

Al atacar las conflictivas negociaciones homosociales masculinas, el discurso de Tirso también es dado a potenciar espacios de articulación cultural que, fugaz e inadvertidamente, escapan de su cerrada ortodoxia. La caracterización libertina de la mujer aristocrática en *El burlador* adquiere matices desafiantes porque provoca una prematura e inesperada estructuración de enlaces colaterales palaciegos que involucran directamente a una de sus prendas mejor cotizadas. La consumación del delito sexual de Don Juan en la habitación de la Duquesa Isabela y la acusación que ésta hace ante el Rey demarcan lingüística y argumentalmente las alternativas disponibles para la monarquía napolitana. La restauración del honor perdido se convierte en una obligación moral y política para el Rey que no puede descuidar el cultivo de sus redes clientelares. Por tal motivo, frente al lamento de la Duquesa Isabela, "¡Ay, perdido honor!" (I, 27), la respuesta del Rey es una breve, aunque importante digresión, que arroja luz sobre el conflicto oligárquico a punto de estallar en la escena:

REY.   ¡Ah, pobre honor! Si eres alma
        del hombre, ¿por qué te dejan

en la mujer inconstante,
si es la misma ligereza? (I, 153-56)

La abstracción que tradicionalemente empaña el reconocimiento de los aspectos socio-históricos del concepto del
honor desaparece cuando el Rey recalca que la constancia
femenina organiza, no sólo el capital simbólico de la subjetividad masculina, sino sus aspectos materiales. La ofensa de la
Duquesa se convierte en tal sinónimo de desorden y preocupación que el apóstrofe real connota una serie de responsabilidades que transitan del ámbito moral al político. En un
insólito giro verbal, el Rey utiliza la retórica de la pérdida y
restitución de la reputación. Aunque tradicionalmente este
discurso queda en boca de la mujer burlada, su préstamo
ejemplifica la precaria situación de una monarquía cuya
descentralización habilita a una mujer para exigirle al Rey su
directa intervención en la reparación de su agravio.

El carácter misógino del lamento real cobra una nueva significación si se coloca dentro de circuitos de poder sujetos a
una dinámica que exige la previa aprobación de todo asunto
concerniente a los enlaces nupciales. Si la activación de estos
vínculos colaterales aristocráticos depende de la autoridad
monárquica en la comedia, el comportamiento de Isabela
constituye un desacato que, más que objetivar la supuesta
correspondencia entre la promiscuidad y el género femenino,
muestra cómo el voluntarismo sexual femenino tiene el poder
para potenciar o para interrumpir enlaces matrimoniales no
anticipados por la Corona. El parlamento del rey le otorga voz
a la misma contradicción cultural que la comedia quiere
silenciar: el cuerpo de la mujer aristocrática es un puente
indispensable para construir las afiliaciones de poder masculinas. Al delinear las implicaciones sexuadas del concepto

del honor, las historiadoras Cavallo y Cerutti han esbozado las diferencias entre el comportamiento del hombre y la mujer que también podrían servir de sostén argumental a *El burlador*. Sin embargo, su trabajo investigativo también ha sido importante para abordar críticamente las ventajas y las responsabilidades que inscriben sobre las mujeres que poseen prominencia social:

> The possibilities for license that this same sexual code of honor offered the male —the trick being the most typical example— were opposed by different interests characteristic of the groups and individuals, who, in various measures, were involved in the fate of female honor. Also, the community in all its complexity exercised different forms of control over conduct, which tended to guarantee an equilibrium by degrees of honor. The activity of control, which was translated into the defense of the individual honor, had particularly important ramifications for the woman, whose honor, weaker and more exposed, constituted a threat to the status of her entire community should it be lost. For this reason, the family was, first of all, involved in the protection of female honor; one member's fall into dishonor threw into doubt the authority and power of the family, proving its weakness and incapacity to defend the reputation of its members. In this sense, an attack against the honor of a woman was an offense against her kin group as well: through an emotional relationship, the promise of marriage touched the lives of the men of the family —the father, the brothers, the closest relatives— who, by protecting female honor, were defending their own name. (81)

Para la audiencia teatral, la corrupción monárquica se codifica sin ambigüedades a través del comportamiento inescrupuloso de Don Juan. Sin embargo, el comentario inicial del Rey de Nápoles dramatiza la enorme encerrona enfrentada por el patriarcado aristocrático al intentar controlar la reproducción social. El Rey reconoce que el concepto del honor femenino representa una enorme carga para los clanes familiares relacionados con las mujeres burladas. Debido a que la reputación femenina determina la integridad grupal, la comedia refuerza constantemente la actitud de desconfianza hacia la mujer como una manera de derivar la atención del hecho de que la sexualidad femenina es el polo central para fijar las claves de los poderes colaterales de la aristocracia. La "debilidad" moral de la Duquesa compromete públicamente al Rey, quien reconociendo la necesidad de actuar precavidamente, comenta "esto en prudencia consiste". (I, 24). Confinar y silenciar el cuerpo y la voz de la mujer aristocrática evita la formulación pública de esta contradicción, pero no la elimina del panorama social ni político, expuesto en escena mediante la representación teatral. A pesar del encierro de Isabela en una torre, la comedia no logra borrar cómo el propio sistema masculino que ha construido la castidad como valor supremo para la mujer sucumbe ante la imposibilidad de controlar la intimidad femenina en forma absoluta. Esta contradicción se desteje progresivamente porque las ofensas de Don Juan sobre el cuerpo femenino desembocan en la constante reconfiguración de jerarquías de poder. Mientras el Rey tiene que orquestar matrimonios que protejan sus intereses, la oligarquía de los Tenorio burla las normas de comportamiento a las que debe adherirse.

Don Juan Tenorio, abominable encarnación de los males estatales debido a la corrupción palaciega, desnuda la doble moralidad masculina y su denuncia de la inconstancia femenina. Para el fraile mercedario, las burlas de Don Juan son el resultado de patológicas atribuciones aristocráticas legitimadas a través de reiterados axiomas, capaces de ofender los principios ordenadores de cualquier sociedad justa: "Si es mi padre/ el dueño de la justicia,/ y es la privanza del rey,

¿qué temes?" (III, 1994-97). La elocuencia metonímica de la ofensa sexual transmite la falta de respeto cívico y el abuso del poder institucionalizado, pero a su vez eclipsa el peligro que constituye una mujer aristocrática para reforzar o cooptar futuros arreglos matrimoniales. El descaro verbal con el que Don Juan confiesa sus burlas y consigue la libertad opaca el hecho de que la presencia de la Duquesa Isabela está circunscrita a un discurso donde abundan los juegos entre tonalidades de luz. Esta oscilación entre la luz y la oscuridad enmarca el dilema sufrido por las oligarquías masculinas ante la sexualidad de la mujer aristocrática que no ha entrado dentro de sus circuitos nupciales. Isabela sólo puede "ser" en la oscuridad, fuera de la supervisión paternal, en su caso, representada por el Rey. En el momento en que exige luz "para que el alma de fé del bien que llego a gozar", (I, 11-12) la contestación negativa del impostor, Don Juan Tenorio, es categórica: "Matárete la luz yo" (I, 13). La explicación tradicional para dicha situación ha sido afirmar que la oscuridad es sintomática de la naturaleza pecaminosa de Isabela y de Don Juan. Sin embargo, observada dentro de un marco sustentado por una ideología génerico sexual, la habitación es una metáfora extensiva al cuerpo de Isabela. La duquesa abre voluntariamente las puertas de su habitación a quien cree ser el Duque Octavio, sólo para darse cuenta de que ha sido engañada. Mientras el discurso tridentino de *El burlador* exige que Isabela asuma la retórica del arrepentimiento y la vergüenza pública, "¡Ay, perdido honor!" (I, 27), el inconsciente político de la comedia afirma el carácter desafiante de la Duquesa. Isabela se vuelve una amenaza para la armonía del cuerpo aristocrático porque su comportamiento ilícito compromete a la oligarquía de palacio en la restitución de su ofensa. La mujer que hacía su aparición escénica con una actitud de placentera irreverencia: "[Mi gloria], ¿serán verdades/ promesas y ofrecimientos,/ regalos y cumplimientos,/ voluntades y amistades?" (I, 5-8) termina silenciada y confinada en una torre, con un destino incierto.

Los ideales normativos de la Contrarreforma penalizan categóricamente el comportamiento licencioso de la Duquesa, pero los sugerentes lenguajes de la comedia no tienen por qué ceñirse al mensaje dogmático del texto dramático. El deseo erótico de la mujer aristocrática desencadena serios conflictos dentro de la elite gobernante. A pesar de su encierro en la torre y del desprecio del Rey, Isabela reconoce que su posición social la habilita para transgredir los valores que la cultura establecida celebra como sus parámetros identitarios. Isabela, consciente de que su agravio no la ha despojado de su título ni de sus riquezas —mujer principal— pronuncia la solución que espera oír a su favor: "Mi culpa/ no hay disculpa que la venza. [Aparte] (Más no será el yerro tanto/ si el Duque Octavio lo enmienda)" (I, 87-90). La intervención personal de Isabela cobra forma concreta mediante la inclusión del aparte en el parlamento principal. Este mecanismo formal de la comedia que permite que Isabela asuma un rol más activo en la reparación de su agravio es crucial para dramatizar el recelo social frente a una mujer apasionada que no respeta las constricciones morales y políticas de la esfera patriarcal.

Las estrictas regulaciones jurídicas en contra de las prácticas sexuales fuera del matrimonio ratifican la importancia de la familia como la institución primordial en la configuración y distribución de los bienes patrimoniales. Por ejemplo, la legislación en contra del adulterio, de los raptos y de las violaciones muestra que la severidad moral de la época es un escudo para proteger la integridad de los procesos hederitarios. Sin embargo, el parlamento de Isabela revela que, frente a un estructurado código civil en donde se hablaba de la pública persecución y exposición de las personas adúlteras o la pena de muerte para violadores o raptores que se opusieran a casarse con sus víctimas, siempre había maneras de acomodar la voluntad personal. Hablando sobre la legislatura del país valenciano y sus provisiones hereditarias tras ofensas sexuales, el historiador Rafael Benítez Sánchez-Blanco señala cómo se tuvo que lidiar con el hecho de que muchas parejas simularon raptos para que éstos fueran reparados por matrimonios.[64] Las consecuencias de esta legislación no fueron del todo positivas para los padres que exigían un férreo control sobre los enlaces matrimoniales de sus hijos. La pena de muerte para los implicados en la participación de un matrimonio clandestino y la exclusión de los privilegios hereditarios fueron las penas legislativas más debatidas para contener los caprichos amorosos dentro de las expectativas familiares (Benítez Sánchez-Blanco 66).

La doble modalidad expresiva utilizada por Isabela para remediar su agravio ejemplifica su estratégica utilización de la plurivalencia semiótica del concepto del honor. Mediante una compleja transferencia lingüística y semántica, su robada virginidad se convierte en la pérdida del monarca que se ve en la obligación de reterritorializar el cuerpo de Isabela en un precipitado enlace matrimonial con Octavio, supuesto burlador.

REY: No importan fuerzas,
     guardas, criados, murallas,
     fortalecidas almenas

---

[64]Rafael Benítez Sánchez-Blanco, "Familia y transmisión de la propiedad en el país valenciano (Siglos XVI-XVII): ponderación global y marco jurídico", *Poder, familia y consanguinidad en la España del Antiguo Régimen*, eds. Francisco Chacón Jiménez y Juan Hernández Franco, Anthropos, Barcelona, 1992, p. 65.

para Amor, que la de un niño
hasta los muros penetra.
Don Pedro Tenorio, al punto
a esa mujer llevad presa
a una torre, y con secreto
haced que al Duque le prendan,
que quiero hacer que le cumpla
la palabra o la promesa. (I, 172-182)

De no ser porque los enredos circunstanciales llevan la trama
en una dirección contraria a la deseada por Isabela, la temprana alusión al cumplimiento de la promesa matrimonial
parecería autorizar su atrevido comportamiento. La imposición matrimonial con su verdadero ofensor desbarata sus
planes posteriormente, pero no sin antes subrayar las ventajas estamentales gozadas por las mujeres aristocráticas para
dictar leves ajustes dentro sus prácticas sexuales.

La impunidad que gozaban los poderosos para vivir una
doble vida en asuntos eróticos es un lugar común en cuadros de
costumbres de la época y en la comedia.[65] *El burlador*, fiel a la
ortodoxia contrarreformista, utiliza esta indulgencia estamental prohibida a las clases menos privilegiadas para modelar
formas de comportamiento que se concretan a lo largo del
drama. Según los personajes femeninos sufren las consecuencias de la burla, las declaraciones en contra de los hombres,
"Mal haya la mujer que en hombres fía" (III, 2243), aumentan
como muestra del arrepentimiento y la vergüenza por el
escarnio público y la humillación personal. Sin embargo, en
medio de toda la retórica autoincriminatoria femenina (aquí

---

[65]José Deleito y Piñuela, *La mala vida en la España de Felipe IV*, Alianza
Editorial, Madrid, 1987, p. 65.

me refiero específicamente a la Duquesa y a la pescadora), texto dramático y texto espectacular también plantean de manera tentativa cómo a las mujeres aristocráticas les ha estado permitido sustituir el concepto de la virginidad por el de la fidelidad.

La inmediata burla a Isabela le resta visibilidad al hecho de que tanto Octavio como Isabela pretendían entablar una relación amorosa a tono con el galanteo palaciego de la época. Aunque sería absurdo plantear que el hombre y la mujer gozaban de los mismos privilegios sexuales en la época del Antiguo Régimen, habría que preguntarse si la obsesión decimonónica con los ideales de domesticidad femenina ha orientado la lectura de *El burlador* a perseguir unos ideales de pureza que están ausentes del drama. Indiscutiblemente, la virginidad se instituye como el valor más preciado de la cultura establecida después del Concilio de Trento, pero ello no significa que no pueda existir un abismo entre las expectativas culturales y la práctica en torno a estos ideales. Por ejemplo, la literatura de la época problematiza la rigidez de los valores religiosos una vez éstos forman parte de contextos más amplios en donde se manejan dinámicas relacionadas con la socialización, las redes de parentesco, el poder o la herencia. *El burlador* ilumina muy tangencialmente este inquietante acomodo en el que el patriarcado se ve obligado a lidiar con cierta permisividad contraria a sus ideales sobre el comportamiento femenino. Mientras Isabela permanece escarmentada en la torre, la conversación del Duque Octavio con su criado Ripio da fe de las prácticas cohabitacionales aristocráticas antes del matrimonio. La convicción de que el hombre de las altas esferas sociales habrá de cumplir la promesa de matrimonio justifica la licencia sexual que Isabela se ha atribuido con el hombre a quien cree ser el Duque Octavio. Mediante dicha conversación se observa que el "regalar" y "adorar" a la Duquesa antes del matrimonio forman parte de la identidad genérico sexual del ofendido Duque:

> RIPIO: Si ella a ti no te quisiera,
>   fuera bien el porfialla,
>   regalalla y adoralla,
>   y aguardar que se rindiera;
>   mas si los dos os quereis
>   con una misma igualdad,
>   dime: ¿hay más dificultad
>   de que luego os desposeis?
> OCTAVIO: Eso fuera, necio, a ser
>   de lacayo, o lavandera
>   la boda. (I, 223-30)

Es curioso observar que tanto Isabela y Octavio interpretan a su favor las ventajas de su posición de privilegio social, "una misma igualdad", en relación con su sexualidad. Para Octavio, esta igualdad es sinónimo de un prolongado cortejo, —"regalalla" y "adoralla",— conducente al matrimonio. De manera irónica, esta libertad cohabitacional fuera del matrimonio tiene connotaciones totalmente diferentes para Ripio. Dentro de su imaginario cultural, las relaciones prematrimoniales no implicarían un mayor compromiso de su parte. Para el criado, la convivencia de la pareja se pauta a partir del enlace nupcial, y no antes. El exabrupto de Octavio, quien se siente ofendido porque la sugerencia de su criado muestra una total ignorancia del protocolo amoroso aristocrático, tendrá su contrapartida dramática cuando Tisbea, mujer humilde, lamente el abandono de Don Juan tras la pérdida de su virginidad.

Las imposiciones culturales y religiosas de la comedia arrinconan esta frágil energía libidinal mostrada por las mujeres aristocráticas en *El burlador*. Las referencias textuales a la oscuridad se convierten en corolario directo del carácter clandestino de estas relaciones que debían ser recibidas con recelo por una audiencia teatral para la cual la mujer soltera era una figura estigmatizada. Deleito y Piñuela, por ejemplo, recalca cómo la producción cultural de la época percibía a la mujer como sinónimo de corrupción:

> La palabra *soltera* tenía en aquel tiempo un sentido muy equívoco. Era, sí, la mujer que no se había casado; pero no implicaba esto que conservara su pureza. A las que mantenían su virginidad se les llamaba *doncellas*; y aunque este nombre era terminante, no daba siempre garantías de honestidad. Por lo pronto, aun las que físicamente la conservaban, solían hablar con los hombres sin escrúpulo alguno de las cosas más escabrosas, y hacían alardes de estar enteradas de todo, sin que su reputación desmereciese. (25-26)

Por más problemática que pueda resultar la interpretación literaria de Deleito y Piñuela debido a su lenguaje esencialista y poco crítico, su comentario es ilustrativo de la forma en que los prejuicios de la época funcionan como escudo para ocultar las verdaderas preocupaciones en torno a la integridad del cuerpo femenino. La diferenciación semántica entre "soltera" y "doncella" organiza una dinámica social que fluye del ámbito de la moralidad al del sistema de parentesco. Aunque Deleito y Piñuela no explicita concretamente los vínculos entre las caracterizaciones literarias y las vivencias históricas, su estudio es clave para comprender que la enorme vigilancia que pesaba sobre la mujer que no había contraído nupcias tenía que resolverse mediante otras avenidas que no giraran sólo en torno a la virginidad. Al estudiar deposiciones legales en que la retórica del honor aparece como un mecanismo lingüístico destinado a fijar el control de la reproducción biológica, las historiadoras

Cavallo y Cerutti esclarecen cómo el discurso de la fidelidad se perfila estratégicamente como un bálsamo para resolver las ansiedades patriarcales en torno al comportamiento femenino:

> Several factors reveal that the preoccupation with certain paternity was one of the principal motives behind the attribution of honor and dishonor. In this context, the emphasis in the depositions on fidelity to one man rather than on the virginity gains meaning: indeed, some women who had already had unfortunate emotional and sexual relationship were not necessarily perceived as dishonored, nor were excluded from other marriage possibilities. Fidelity to a new partner might render her as desirable as a bride, even so in the frequent cases where the previous partner provided a drowry, which publicly recognized his responsibility and the woman's good faith. (80)

La insistencia de la Duquesa en casarse con Octavio la exonera de cargar con la mala fama de ser una mujer fácil. En este sentido, podría decirse que, a pesar de ser una mujer burlada, Isabela mantiene su dignidad en la comedia. ¿Significará esto que Tirso muestre una postura menos ortodoxa en lo que considera debe ser el ideal de conducta femenino? Todo lo contrario. En mi opinión, el drama ratifica las afiliaciones dogmáticas del fraile mercedario, pero también revela un profundo entendimiento de una cerrada dinámica homosocial que no puede prescindir de las mujeres que garantizan la pureza de las líneas de sucesión aristocrática.

A pesar de que la Duquesa Isabela y Doña Ana de Ulloa quedan excluidas de los círculos de negociación de la oligarquía palaciega, su perfil dramático se dibuja a partir de su orgullo ancestral. Como instrumentos para perpetuar los vínculos de servicio y el linaje familiar, ambos personajes sólo se fijan en hombres de su misma estirpe estamental. Si bien la burla opera como castigo definitivo por la prepotente actitud de querer

imponer su voluntad amorosa frente a los designios patriarcales, ambas mujeres insistirán en contraer nupcias con los
hombres de su elección y no con el que les ha sido impuesto.
Mientras la audiencia teatral escucha cómo Doña Ana de
Ulloa, hija del Comendador de Calatrava, circula como prenda
para afianzar los lazos de amistad entre el Rey de Castilla y su
padre, los espectadores de la comedia también escuchan cómo
el esperado matrimonio entre Don Juan Tenorio y Doña Ana
sella las glorias del poderío castellano. Sin embargo, la correspondencia simbólica entre el imperio y la sólida unión matrimonial entre ambos es un fraude: Don Juan Tenorio ha sido
previamente comprometido con la Duquesa Isabela. Este enredo
circunstancial acapara la atención de la audiencia mientras
los espectadores descuidan el hecho de que Doña Ana, a pesar
de ser una presencia sentida en la representación teatral,
nunca sale al escenario. Interpretada a la luz del dilema en
torno al cuerpo de la mujer aristocrática, esta estrategia
escénica bien podría ser una explícita reprimenda por parte del
dramaturgo. Doña Ana se convierte en una voz sin cuerpo por
su irreverente decisión de desafiar tanto a la esfera paternal
como a la real. Paradójicamente, es la voz de Don Juan Tenorio
la que le da la presencia escénica que Tirso le niega:

> DON JUAN. Mi padre infiel
> en secreto me ha casado
> sin poderme resistir:
> No sé si podré vivir,
> porque la muerte me ha dado.
>
> [...]
>
> Porque veas que te estimo,

ven esta noche a la puerta,
que estará a las once abierta,
donde tu esperanza, primo,
goces, y al fin de tu amor." (II, 1317-30)

La misiva destinada al Marqués de la Mota comparte la retórica utilizada por la Duquesa. Paradójicamente, aunque el discurso amoroso de Doña Ana aparece enmarcado como un gesto de desafío en contra de la autoridad patriarcal, sus palabras pecan de una inmensa ingenuidad. Para espectadores de nuestro siglo, sería obvio que Doña Ana reproduce las propias convenciones literarias que la construyen como objeto de una visión idealizada. Para la audiencia teatral de aquel entonces, la actitud irreverente que da pie a las declaraciones de Doña Ana termina desmoronada frente al repertorio de "perros muertos" narrados por el Marqués de la Mota en su charla con Don Juan.

Las dos aristocráticas quedan reducidas al rol de dama burlada y dama crédula en una inteligente maniobra argumental necesaria para autorizar el desenlace de la comedia. Indiscutiblemente, los matrimonios entre el Duque Octavio y la Duquesa Isabela y entre el Marqués de la Mota y Doña Ana de Ulloa reestablecen el orden una vez instaurada la justicia divina mediante la espectacular muerte de Don Juan Tenorio a manos del convidado de piedra. Sin embargo, estos matrimonios, además de satisfacer un requisito formal de la comedia, salvaguardan el carácter homoestático de las capas nobiliarias del Antiguo Régimen. Para una sociedad en que la perpetuación del linaje, la herencia material y la simbólica no pueden concebirse fuera de los vínculos matrimoniales, la fidelidad que ambas mujeres guardan a sus enamorados alivia las ansiedades patriarcales relacionadas, no tanto con la pérdida del himen, sino con la cotización del vientre. La muerte de Don Juan configura civilmente las proyecciones simbólicas de esta propuesta: ambas mujeres contraen nupcias sin perder la dignidad que corresponde a su categoría social. Isabela, la primera mujer burlada, pasa a ser viuda, mientras que de Doña Ana se pregona que nunca perdió su virginidad.

Las limitadas intervenciones de las mujeres aristocráticas corroboran la importancia de encauzar su presencia dentro de los valores ortodoxos que exigen el silencio y el encierro. La doble textualidad de la comedia delega la caracterización de la mujer aristocrática a los personajes masculinos, fenómeno que no ocurre con las mujeres humildes. La estricta división estamental de la comedia permite que la elocuencia y la presencia escénica de Tisbea y de Arminta exceda a la de las aristocráticas. Aunque sus intervenciones son necesarias para denunciar la corrupción palaciega, las mujeres humildes no plantean amenazas que obstruyan la consolidación de vínculos homosociales aristocráticos. Debido a que las villanas se hallan excluidas del sistema de parentesco nobiliario, la burla no representa un riesgo que amerite la inmediata intervención del Rey. Sus prolongados parlamentos constituyen un mecanismo escénico para compensar sus escasos privilegios sociales. Más aún, esta visibilidad y facultades expresivas muestran la infecundidad de sus vientres para negociar ingreso dentro de los círculos oligárquicos masculinos.

El licencioso comportamiento de las mujeres aristocráticas inicia la trayectoria para su reinserción social como esposas honorables. El escarmiento propiciado por la burla de Don Juan subraya la importancia del recato femenino para asegurar la salud del cuerpo aristocrático y el nacional. De manera curiosa, la estricta regulación del comportamiento sexual femenino, aunque cultural y moralmente deseable para todas las mujeres, está regido por variantes estamentales. El discurso dramático penaliza a la pescadora que, en virtud de la integridad de su cuerpo, quiere asumir las pautas identitarias idealmente reservadas para la mujer de la nobleza. Tisbea hace su aparición escénica haciendo ostentación del poder negociador que le ofrece su virginidad ante la humilde comunidad masculina de su aldea. Con un arrogante "yo", la pescadora inicia su parlamento dándole al recato un significado muy ajeno al ideado por la cultura establecida:

TISBEA: Yo, de cuantas el mar
pies de jazmín y rosas,
en sus riberas besa
con fugitivas olas,

[...]

sola de Amor exenta,
como en ventura sola,
tirana, me reservo
de sus prisiones locas.

[...]

Mi honor conservo en pajas
como fruta sabrosa,
vidrio guardado en ellas
para que no se rompa.
De cuantos pescadores
con fuego Tarragona
de piratas defiende
en la argentada costa,

despacio soy, encanto,
a sus suspiros, sorda,
a sus ruegos, terrible,
a sus promesas, roca.
Y cuando más perdidas
querellas de amor forman,
como de todos río,
envidia soy de todas. (I, 376-435)

El carácter calculador de la pescadora es severamente casti-
gado en el drama. Las imágenes pertenecientes a la naturaleza contrastan con el tono deliberado y poco espontáneo de
su discurso. Tisbea se presenta como un personaje que atenta
contra las leyes naturales y sociales que exigen de la mujer
que se someta al matrimonio. La conservación de su virginidad, fruta sabrosa conservada en pajas, y su rechazo al
matrimonio la convierten en la mujer más deseada en la villa
de pescadores. Al autodenominarse "tirana" por el desprecio
que siente por el Amor y los hombres, Tisbea presenta una
frágil autonomía hábilmente construida frente a la vida ruti-
naria de la aldea. Su repudio a Anfriso, hombre de su misma
condición social, se encuentra matizado por un erotismo
reprimido que le permite vivir en soledad, contra toda expectativa del imaginario social de la aldea. La esperanza de una
vida afectiva con mayores remuneraciones sociales hará que
Tisbea olvide que su honor descansa entre las "pajas" de su
choza. El personaje tendrá que recordar que su honor no
puede formar parte de las habitaciones oscuras de las
mujeres aristocráticas.

Tisbea se convierte en el personaje femenino más controver-
tido y el que mayor castigo reciba dentro de la obra. Su soberbia
actitud contra los hombres también encierra hostilidad en con-

tra de sus orígenes sociales. Don Juan aparece en escena para penalizar esta doble rebeldía en Tisbea. Ante la soledad y la pobreza de la pescadora resalta la figura del caballero. Don Juan la seduce por su valentía y generosidad, indicios de su privilegiada posición social. Adelantándose a las especificaciones de Don Juan, Catalinón comete un acto de indiscreción al revelar el linaje de su amo a la pescadora, "Es hijo aqueste señor/ del camarero mayor/ del Rey" (I, 571-73). El interés de Tisbea despierta repentinamente tras saber la procedencia del galán. Tisbea, la mujer que momentos antes exclamaba dominar a los hombres por su actitud despreciativa, "hallo gusto en sus penas/ y en sus infiernos gloria"(I, 458-59), comienza a flaquear ante la presencia de un hombre noble en su vida. La desproporción social entre Don Juan y Tisbea impide que ésta pueda utilizar su sexualidad de la misma manera que las mujeres de palacio. Las palabras con las que Ripio mostraba su desconcierto ante los planes cohabitacionales de Octavio prefiguran la potencial vergüenza de Tisbea. La comedia no podrá ofrecerle la oportunidad de sustituir el calificativo de mujer burlada por uno más digno como ocurrirá con las demás mujeres: "Reparo en que fue castigo/ de amor el que he hallado en ti" (I, 922-23). Su anterior rechazo a los hombres le había conferido una identidad personal que peligra tras la aparición de Don Juan. Si la virginidad le ha servido de instrumento para negociar su valor ante los clanes masculinos de la aldea, su pérdida será doble motivo de escarnio comunitario. Sin lugar a dudas, el discurso de Tirso exagera la vehemencia con que Tisbea defiende su castidad, para acentuar el ridículo público que le espera una vez frustrados sus deseos de promoción social:

> DON JUAN. ¿Posible es, mi bien, que ignores
>   mi amoroso proceder?

Hoy prendes con tus cabellos
mi alma.
TISBEA. Yo a ti me allano
bajo la palabra y mano
de esposo.
DON JUAN. Juro, ojos bellos,
que mirando me matáis,
de ser vuestro esposo.
TISBEA. Advierte,
mi bien, que hay Dios y que hay muerte. (I, 936-44)

La directa alusión a Dios acentúa la falta de recursos para
levantar acciones legales en caso de engaño. El texto dramático critica frontalmente la burla de Don Juan Tenorio, pero
arremete con mayor violencia en contra de los planes de medro
social de Tisbea mediante su entrega sexual: "Ven, y será la
cabaña/ del amor que me acompaña/ tálamo de nuestro fuego.
Entre estas cañas te esconde/ hasta que tenga lugar" (I, 951-
55). Las aperturas para una economía de género más favorable
para la mujer aristocrática no deben entenderse como una
apología de la conducta libertina. El discurso de Tirso reconoce
soslayadamente que la identidad femenina no puede desligarse
del funcionamiento material del cuerpo como eje reproductor y
transaccional de las elites gobernantes. Tirso no puede evitar
dicha contradicción y la activa en función de su mordaz antagonismo en contra de las elites dominantes y, en particular, contra la práctica de la privanza.

El título nobiliario de las aristocráticas documenta el daño
que el cuerpo injuriado de las humildes no podrá articular a
falta de linaje. Los parámetros del sistema de sexo/género
que clasifican a todas las mujeres como "fáciles" inundan la
superficie textual de la comedia, pero no logran silenciar

la subordinación masculina ante el linaje aristocrático. La abstracta conceptualización sobre la mujer opaca este fenómeno social. Batricio, esposo de Arminta, utiliza el tópico de la inconstancia femenina para transferir su impotencia social ante la presencia del burlador:

> BATRICIO. La mujer en opinión
> siempre más pierde que gana,
> que son como la campana,
> que se estima por el son.
> Y así es cosa averiguada
> que opinión viene a perder,
> cuando cualquiera mujer
> suena a campana quebrada.(III, 1916-23)

Los prejuicios misóginos articulados por el marido ofendido desplazan su propia vulnerabilidad social. La supuesta debilidad moral femenina es un lugar común para eludir la "femenización" de la comunidad campesina de Dos Hermanas. La escasez de recursos económicos y sociales cancela la posibilidad de agencia que Batricio y Gaseno podrían reclamar como hombres para detener la última burla de Don Juan. El discurso textual construye la omnipotencia de los Tenorios en directa oposición a la injuria del pueblo. De modo simbólico, el pueblo entero se convierte en el objeto penetrable del burlador quien descaradamente confiesa: "La burla más escogida/ de todas ha de ser ésta" (III, 1990-91). La falta de temor por la justicia divina y la indiferencia ante los valores cristianos aumentan el repudio en contra del burlador. Con esta última burla, la comedia denuncia categóricamente la corrupción de una nobleza heredada insensible a los ideales cristianos del Estado. La intolerancia en contra del poder sin límites de Don Juan llega a

su clímax cuando éste confiesa que su victoria sobre Batricio
ha sido una hábil maniobra retórica:

DON JUAN. Con el honor le vencí,
 porque siempre los villanos
 tienen su amor en las manos
 y siempre miran por sí,
 que por tantas variedades
 es bien que se entienda y crea
 que el honor se fue a la aldea
 huyendo de las ciudades. (III, 1932-39)

Al desmantelar la artificiosidad del honor, la comedia expone
la falsedad de las certezas simbólicas institucionales. Para las
comunidades de la periferia social, el honor es una fantasía
que carece de valor orgánico, a pesar de los esfuerzos de la
cultura establecida por utilizarlo como una categoría de
nivelación social. La dicotomía aldea/ciudad marca territorial-
mente la dialéctica moral honor/falta de honor denunciada
sucintamente por Arminta: "La desvergüenza en España/ se
ha hecho caballería" (III, 1962-63).

La seducción de Arminta ocurre sin mayores dificultades
aunque la campesina reta verbalmente a su ofensor. La vulnerabilidad social de Gaseno y de Batricio frente al poderoso
caballero, "El alma mía/ en la muchacha os ofrezco" (III, 1981-
82) contrasta con la ingenuidad ideológica de la humilde
campesina: "No sé qué diga/ que se encubren tus verdades/ con
retóricas mentiras./ Porque si estoy desposada/ como es cosa
bien sabida,/ con Batricio el matrimonio/ no se absuelve aunque
él desista. (III, 2093-2099). La escena de la burla aparece
enmarcada en un hábil forcejeo verbal en el que triunfa Don
Juan sellando verbalmente su propia sentencia de muerte:

223

ARMINTA. Mas, ¡ay Dios! que no querría
que me dejases burlada
cuando mi esposo me quitas.
Don Juan.   Ahora bien, dame esa mano,
y esta voluntad confirma
con ella.

[...]

ARMINTA. Pues jura que cumplirás
la palabra prometida.
DON JUAN. Jura a esta mano, señora,
infierno de nieve fría,
de cumplirte la palabra.
ARMINTA. Jura a Dios que te maldiga
si no la cumples.
DON JUAN. Si acaso
la palabra u la fe mía
te faltare, ruego a Dios
que a traición y a alevosía
me dé muerte un hombre
                    (Muerto,
que vivo Dios no permita).
ARMINTA. Pues con ese juramento,
soy tu esposa. (III, 2102-22)

El texto dramático premia a la humilde campesina al permitirle que prefigure la instauración del orden en la comedia. La firmeza expresiva mostrada por Arminta refuerza los valores religiosos de la época que aseguran un castigo divino para los soberbios que atenten contra los principios rectores de la comedia. La muerte de Don Juan asegura la restau-

224

ración del orden mediante la intervención de Dios, a través del Comendador de Ulloa, máximo representante del discurso de la virtud. Toda la responsabilidad de la corrupción de palacio se le atribuye a la privanza, cómplice de las infracciones de Don Juan. El rey exclama horrorizado: "Estos mis privados hacen" (III, 2918) cuando finalmente descubre la ineficiencia de sus favoritos para poner un alto a la corrupción. Las bodas del Duque Octavio con la Duquesa Isabela, y de Doña Ana con el Marqués de la Mota acallan el potencial sexual de la mujer aristocrática, al canalizar la sexualidad femenina por el camino deseado: el matrimonio asegura la higiene del cuerpo social. La resolución del conflicto aristocrático queda así dentro de los parámetros oficiales, mientras que Arminta, también viuda, inicia su relación con Batricio. A pesar de la resolución del conflicto dramático mediante los enlaces matrimoniales, el destino de Tisbea queda incierto. Su intento de manipular el cuerpo como vía de promoción social elimina sus posibilidades subjetivas. La pérdida de la virginidad la marca sin tregua frente a una sociedad basada en la perpetuación de la herencia material e inmaterial. Contrario a lo que se ha dicho tradicionalmente, este sistema de transmisión exige en *El burlador* no tanto la integridad física de sus mujeres, como la cotización genealógica de sus vientres.

El embrionario sujeto femenino impulsado por las comedias de Tirso aporta muy poco a la creación de una identidad propiamente femenina, pero demarca las ventajas de las mujeres aristocráticas al fijar con sus cuerpos los procesos de reproducción social. En *El burlador* esta ventaja se traducía en un frágil espacio fuera del matrimonio para hablar de cierto "gusto propio". La necesidad masculina de pactar enlaces matrimoniales socialmente respetables crea el discurso del honor femenino para garantizar estos ideales, pero de manera paradójica, las aristocráticas reconocen que, debido a la alta cotización de sus vientres pueden distanciarse de las expectativas masculinas de la época. Esta apertura es muy fugaz en la comedia. La necesidad de perpetuar relaciones colaterales mediante matrimonios de conveniencia no podía ser sacrificada por un capricho femenino poco afortunado. En *La prudencia*, la obligación de mantener impolutos los canales de la sangre y de la herencia cancela esta tibia apertura en que el gusto personal va constituyéndose como discurso.

En ambas comedias, la prolongación de la rama familiar se configura textualmente como una cruzada espiritual vertebrada sobre la fe castellana. La feroz crítica en contra de la actitud conspiratoria de la elite aristocrática ofrece sólo tangencialmente un espacio para la subjetividad femenina. Con el diseño de la reina Doña María como icono de perfección femenina, la comedia presenta un universo dramático en donde la soberana modela los valores masculinos que garantizan la auténtica homogeneidad étnica y religiosa de la Contrarreforma. La disciplina espiritual con que la soberana ha alimentado el reino en nombre de su hijo promueve la eliminación de la corrupción y de los abusos de poder. El "estudiado" control de su cuerpo no sólo ha servido para interrumpir la propagación de enlaces homosociales masculinos nocivos a la salud del cuerpo social. Este control también ha permitido la ruptura de metáforas abstractas asociadas con la perversidad y la santidad. Al ubicar al signo mujer dentro sus tiempos y espacios respectivos, he permitido que Doña María de Molina y, particularmente, las damas aristocráticas de *El burlador de Sevilla y convidado de piedra*, narren estos momentos subjetivos en que la alta cotización de sus vientres les ha permitido hablar. Hablar, no desde la posición transhistórica y esencialista que hermana a todas las mujeres por su capacidad reproductora, sino todo lo contrario. Hablar, desde el sistema de parentesco que las privilegia por activar y mantener viva su mecánica hereditaria, y que también, en sus casos menos ortodoxos, les permite disfrutar de limitadas formas subjetivas desde la oscuridad de sus habitaciones.

PALABRAS FINALES

Entre los múltiples legados que Ruth El Saffar dejara para una nueva generación de la crítica en los estudios del Siglo de Oro, el reconocimiento de que ninguna lectura crítica puede disociarse de las interrogantes y acentuaciones personales del sujeto interpretativo ha propiciado nuevos enfoques conducentes al rescate del signo mujer. Los textos del llamado Siglo de Oro español poseen una riqueza innegable para las lecturas feministas ya que en ellos se imprimen las dinámicas culturales y simbólicas que organizan las jerarquías ideológicas de los espacios públicos y privados. Al articular los trucos del saber y el poder patriarcal, he querido presentar lecturas orientadas a distinguir la articulación del signo mujer como objeto de definiciones *vis à vis* su escape de la mano autorial para proclamarse como sujeto de opciones, por más mínimas que estas oportunidades pudieran ser. Para que el signo mujer retome su significado dentro del monopolio interpretativo que las tradiciones estéticas e interpretativas masculinas le han asignado ha sido importante observar cómo toda forma de poder tiene mecanismos propios para borrar su capacidad constitutiva. Más importante aún, ha sido ubicar las aperturas que debilitan la naturaleza abarcadora de dicho poder. *Vientre, manos y espíritu: hacia la construcción del sujeto femenino* fue concebido como un proyecto para enunciar la gestación de dichas rupturas. Frente a una cerrada ideología religiosa y sexual en donde el signo mujer sólo tenía cabida en función de satisfacer uno de dos polos dialécticos, ha sido reconfortante discernir las instancias que rompen la economía binaria y liberan al signo mujer de la horma en la que ha sido encerrada por las tradiciones historiográficas e interpretativas.

El modelo médico que definía a la mujer como una versión imperfecta e inferior del varón no permite la incorporación mecánica de la teoría contempóranea para rescatar modelos identitarios de la época. La preponderante asociación del signo mujer al lenguaje de la carne en la época preindustrial exige serias revisiones a los postulados contemporáneos que afirman la dicotomía sexual. En estas páginas he intentado recalcar cómo los tropos relacionados a la imagen sexualizada de la mujer fortalecían el control masculino. Configurada primordialmente en torno al lenguaje carnal, la representación masculina de la mujer afirma cómo su construcción textual, en torno a esta columna social, reducía su potencial subjetivo ante la historia. En una época en que la mujer era arbitrariamente asociada con el placer erótico, la experiencia sexual femenina era simplemente una ficción especular masculina. Es por dicho motivo que la beata Francisca Hernández no puede comprometer la integridad de su cuerpo para ejercer su apostolado espiritual, mientras que el apostolado de Isabel de la Cruz pasa a las páginas de la historiografía religiosa porque consigue disociar el lenguaje del espíritu de implicaciones eróticas. De igual manera, el personaje de Teresa de Manzanares afirma su autonomía mediante el trabajo artesanal de sus manos y su talento en el campo de la actuación dramática. Los juegos con la seducción erótica terminan encerrándola en matrimonios abusivos que anulan su embrionaria autonomía aunque agudizan su crítica de las narrativas patriarcales. Las damas aristocráticas de Tirso de Molina logran articular muy tibiamente cierta noción de gusto personal, aunque ésta queda supeditada al ataque frontal que el fraile mercedario dirige en contra de las elites dominantes. Esta alusión, sin embargo, queda plasmada en los escenarios dramáticos y en los imaginarios culturales con las connotaciones de la deshonra, la vergüenza y de la potencial intervención divina, pero no puede esconder cómo el privilegio económico sirve para aumentar la cotización femenina y para crear aperturas que permitan una tenue exploración de la experiencia sexual.

El signo mujer apenas comienza a recibir la atención que la memoria literaria le ha negado. Dice la sabiduría popular que todo final encierra un comienzo. La trayectoria interpretativa que ha guiado estas páginas se fue construyendo lentamente en función de ese futuro. A mi ver, la recuperación de los sujetos femeninos que se atrevieron a nombrar y a crear realidades propias a través de la palabra es un proyecto fascinante que apenas comienza y va de la mano de la desarticulación de los universos masculinos que intentaron silenciar a la mujer, aunque siempre encontraron resistencias. La lucha de mujeres como Teresa de Cartagena, Teresa de Jesús, Oliva Sabuco de Nantes, Ana Caro, María de Zayas, entre otras mujeres escritoras, queda por escribirse. Es de suma importancia reconstruir sus encrucijadas como productoras de identidades dentro de una cultura que limitaba sistemáticamente las posibilidades subjetivas para la mujer. Para quienes reconocemos que la escritura femenina reconstruye el drama de enunciaciones propias frente a espacios de expresión saturados por entelequias patriarcales, la recuperación de estas voces exige el abandono, o al menos, el serio cuestionamiento de prerrogativas de lecturas que raras veces han sido puestas en téla de juicio. El siglo próximo está a la espera de nuevas lecturas en que la imagen abstracta de *la Mujer* sea reconstruida, reapropiada y reconceptualizada por la palabra histórica y literaria de aquellas mujeres que se atrevieron a reclamar un espacio de enunciación, su espacio.

BIBLIOGRAFÍA

ALCALÁ, Ángel *et al.* (eds.). *Inquisición española y mentalidad inquisitorial.* Ariel, Barcelona, 1984.

ALONSO HERNÁNDEZ, José Luis. *Léxico del marginalismo del Siglo de Oro.* Universidad de Salamanca, Salamanca, 1976.

AMORÓS, Célia. *Feminismo: igualdad y diferencia.* Pról. Marta Lamas, Universidad Nacional Autónoma de México, México, 1994.

ARMSTRONG, Nancy and Leonard Tennenhouse (eds.). *The Violence of Representation.* Routledge, New York, 1989.

ARONOWITZ, Stanley and Henry A Giroux (eds.). *Postmodern Education: Politics, Culture and Social Criticism.* University of Minnesota Press, Minneapolis, 1991.

BATAILLON, Marcel. *Erasmo y España: estudios sobre la historia espiritual del siglo XVI. 1937.* Trad. de Antonio Alatorre, FCE, México, 1950.

BEHLER, Ernst. *Irony and the Discourse of Modernity.* University of Washington Press, Seattle, 1990.

BENÍTEZ SÁNCHEZ-BLANCO, Rafael. "Familia y transmisión de la propiedad en el País Valenciano (siglos XVI-XVII). Ponderación global y marco jurídico", *Poder, familia y consanguinidad del Antiguo Régimen.* Francisco Chacón Jiménez y Juan Hernández Franco (eds.). Anthropos, Barcelona, 1992.

BESTARD CAMPS. "La estrechez del lugar. Reflexiones en torno a las estrategias matrimoniales cercanas". *Poder, familia y consanguinidad del Antiguo Régimen.* Francisco

Chacón Jiménez y Juan Hérnandez Franco (eds.). Anthropos, Barcelona, 1992.

BILINKOFF, Jodi. "The Holy Woman and the Urban Community in Sixteenth-Century Avila". *Women and the Structure of Society*. Harris Barbara y JoAnn K. MacNamara (eds.). Durham, Duke University Press, 1984.

BLANCO AGUINAGA, Carlos. "Picaresca española, picaresca inglesa: Sobre las determinaciones del género". *Edad de Oro,* Tomo 2, Universidad Autónoma de Madrid, Madrid, 1983.

BLANCO AGUINAGA, Carlos, Julio Rodríguez Puértolas e Iris Zavala (eds.). *Historia social de la literatura española.* Tomo I. Editorial Castalia, Madrid, 1978.

BOURDIEU, Pierre. *Homo Academicus.* Trad. de Peter Collier, Stanford University Press, Stanford, 1988.

BYNUM, Caroline. "...And Woman His Humanity". *Gender and Religion: On the Complexity of Symbols*. Caroline Bynum, Stevan Harrell and Paula Richman (eds.). Beacon Press, Boston, 1986.

CARO BAROJA, Julio. *Las formas complejas de la vida religiosa: religión, sociedad y carácter en la España XVI y XVII*. Akal, Madrid, 1978.

————. *Vidas mágicas e Inquisición.* 2vv. Taurus, Madrid, 1967.

————. *Las brujas y su mundo.* 2a. ed., Alianza Editorial, Madrid, 1968.

CARRIÓN, María Mercedes. "The Queen's Too Bawdies: El burlador de Sevilla and the Teasing of Historicity". *Premodern Sexualities*. Louise Fradenburg and Carla Freccero. Routledge, New York and London, 1996.

————. *Arquitectura y cuerpo en la figura autorial de Teresa de Jesús*. Anthropos y la Comunidad de Madrid, Barcelona y Madrid, 1994.

CASTILLO SOLÓRZANO, Alonso de. *La niña de los embustes, Teresa de manzanares*. Aguilar, Madrid, 1929.

————. *Las harpías de Madrid*. Pablo Jauralde Pou (ed.). Castalia, Madrid, 1985.

CAVALLO, Sandra and Simona Cerutti. "Female Honor and the Social Control of Reproduction in Piedmont between 1600 and 1800". *Sex and Gender in Historical Perspective*. Edward Muir & Guido Ruggiero (eds.). The Johns Hopkins Press, Baltimore, 1990.

COCKS, Joan. *The Oppositional Imagination: Feminism, Critique and Political Theory*. Routledge, New York, 1989.

CONNOR, Catherine. "Don Juan: Cultural Trickster in the Burlador Text". *New Historicism and the Comedia: Poetics, Politics and Praxis*. José Madrigal (ed.). Boulder, Society of Spanish and American Studies, 1997.

COVARRUBIAS, Sebastián de. *Tesoro de la lengua castellana o española (1611)*. Turner, Madrid, 1977.

CENTRO DE ESTUDIOS INQUISITORIALES. *Inquisición española: Nuevas aproximaciones*. Jaime Contreras Contreras (ed.). Ediciones Nájera, Madrid, 1987.

CRUZ, Anne J. "Sexual Enclosure, Textual Escape: the Pícara as Prostitute in the Spanish Female Picaresque Novel". *Seeking the Woman in Late Medieval and Renaissance Writings: Essays in Feminist Contextual Criticism*. Sheila Fisher and Janet E. Halley (eds.). Knoxville, University of Tenessee Press, 1989.

CHRISTIAN, William. *Local Religion in Sixteenth-Century Spain*. Princeton University Press, Princeton, 1981.

DAVIS, Natalie Z. *Society in Early Modern France*. Stanford University Press, Stanford, 1975.

DE CERTEAU, Michel. *The Mystic Fable*. Trad. de Michael Smith, The University of Chicago Press, Chicago, 1992.

DE LAURETIS, Teresa. *Technologies of Gender: Essays on Theory, Film and Fiction*. Bloomington & Indianapolis, Indiana University Press, 1987.

DELEITO Y PIÑUELA, José. *La mala vida en la España de Felipe IV*. 1987. Alianza, Madrid, 1994.

DEDIEU, Jean Pierre. "Los cuatro tiempos de la Inquisición". *Inquisición española: poder político y control social*. Bartolomé Bennassar (ed.). Trad. de Javier Alfaya, Grijalbo, Barcelona, 1981.

————. "El modelo sexual: la defensa del matrimonio". *Inquisisción española: poder político y control social*. Bartolomé Bennassar (ed.). Trad. de Javier Alfaya, Grijalbo, Barcelona, 1981.

DERRIDA, Jacques. *Dissemination*. Trad. de Barbara Johnson, University of Chicago Press, Chicago, 1981.

DOMÍNGUEZ ORTIZ, Antonio. *Las clases privilegiadas del Antiguo Régimen*. Istmo, Madrid, 1973.

DUNN, Peter. *Castillo Solórzano and the Decline of the Spanish Novel*. Basil Blackwell, Oxford, 1952.

EL SAFFAR, Ruth. *Beyond Fiction: The Recovery of the Feminine in the Novels of Cervantes*. University of California Press, Berkeley, 1984.

ESLAVA GALÁN, Juan. *Historias de la Inquisición*. Planeta, Barcelona, 1992.

FINKE, Laurie. *Feminist Theory, Women's Writing*. Cornell University Press, Ithaca and London, 1992.

FOA, Sandra. *Feminismo y forma narrativa: estudio del tema y las técnicas de María de Zayas y Sotomayor*. Albatros, Valencia, 1979.

FOUCAULT, Michel. *The Archaeology of Knowledge and the Discouse on Language*. Trad. de Sheridan Smith, Pantheon Books, New York, 1972.

————. *The History of Sexuality*. Trad. de Robert Hurley, Vol. 1, Vintage Books, New York, 1980.

————. *Power and Knowledge: Selected Interviews and Other Writings 1972-1977*. Patheon Books, New York, 1980.

FRANCO, Jean. *Plotting Women: Gender and Representation in Mexico*. Columbia University Press, New York, 1989.

FRIEDMAN, Edward. *The Antiheroine's Voice: Narrative Discourse and Transformations of the Picaresque*. University of Missouri Press, Columbia, 1987.

GARCÍA-VERDUGO, María Luisa. *La lozana andaluza y la literatura del siglo XVI: la sífilis como enfermedad y metáfora*. Pliegos, Madrid, 1994.

GONZÁLEZ ECHEVARRÍA, Roberto. *Celestina's Brood: Continuities of the Baroque in Spanish and Latin American Literature*. Duke University Press, Durham, 1993.

GORDON, Ann, Mari Jo Buhle and Nancy Schron Dye. "The Problem of Women's History". *Liberating Women's History: Theoretical and Critical Essays*. Bernice A. Carroll (ed.). University of Illinois Press, Urbana, 1976.

GOSSY, Mary. *The Untold Story: Women and Theory in Golden Age Texts*. University of Michigan Press, Ann Harbor, 1989.

GOYTISOLO, Juan. *Disidencias*. Seix Barral, Barcelona, 1977.

GONZÁLEZ, Aurelio (ed.). *Texto y representación en el teatro del Siglo de Oro*. El Colegio de México, México, 1997.

GRACIÁN DE LA MADRE DE DIOS, Jerónimo. *Diez lamentaciones del miserable estado de los ateístas de nuestros tiempos (1611)*. Otger Steggink (ed.). Instituto de Estudios Políticos, Madrid, 1959.

GUILHEM, Claire. "La devaluación del verbo femenino". *Inquisición española: poder político y control social*. Bartolomé Benassar (ed.). Trad. de Javier Alfaya, Crítica, Barcelona, 1981.

HANRAHAN, Thomas, S. J. *La mujer en la novela picaresca española*. José Porrúa, Madrid, 1967.

HUERGA, Álvaro. *Historia de los alumbrados: Los alumbrados de Extremadura 1570-1582*. Fundación Universitaria Española, Madrid, 1978.

————. *Los alumbrados de Sevilla 1605-1630*. Fundación Universitaria Española, Madrid, 1988.

IMIRIZALDU, Jesús. *Monjas y beatas embaucadoras*. Editora Nacional, Madrid, 1977.

IRIGARAY, Luce. "Demistifications". *New French Feminisms*. Elaine Marks e Isabelle de Courtivron (eds.). Schocken, New York, 1981.

ISER, Wolfang. "The Reading Process: A phenomenological Approach". *Readers Response Criticism: From Formalism to Postructuralism*. Jane P. Tompkins (ed.). Johns Hopkins University Press, Baltimore, 1980.

JANTZEN, Grace. *Power, Gender and Christian Mysticism*. Cambridge University Press, Cambridge, 1995.

KAMEN, Henry. *Spain 1469-1714: A Society of Conflict*. Longman, New York, 1983.

————. *Inquisition and Society in Spain in the Sixteenth and Seventeenth Centuries*. Indiana University Press, Bloomington, 1985.

KOLODNY, Annette. "Dancing between Left and Right: Feminism and the Academic Minefield in the 1980s". *Feminist Studies* 14, 1988.

LACQUEUR, Thomas. *Making Sex: Body and Gender from the Greeks to Freud*. Cambridge, Harvard University Press, Mass. and London, 1990.

LEÓN, Fray Luis de. *La perfecta casada (1583)*. Fortanet, Madrid, 1917.

LOYOLA, Ignacio de. *Obras completas de San Ignacio de Loyola*. Ignacio Iparraguirre (ed.). 2a. ed., Editorial Católica, Madrid, 1963.

LUDMER Josefina. "Las tretas del débil". *La sartén por el mango*. Patricia Elena González y Eliana Orteaga (eds.). Ediciones Huracán, Río Piedras, 1984.

LUNA, Lola. *Leyendo como una mujer la imagen de la Mujer.* Anthropos y Junta de Andalucía, Barcelona y Sevilla, 1996.

MACLEAN, Ian. *The Renaissance Notion of Woman: A Study of Scholasticism and Medical Science in European Intellectual Life.* Cambridge University Press, Cambridge, 1980.

MARAVALL, José A. *Teatro y Literatura en la sociedad barroca.* Seminarios y Ediciones, Madrid, 1972.

————. *Culture of the Baroque: Analysis of a Historical Structure.* 1975. Trans. Terry Cochran. Foreword Wlad Godzich and Nicholas Spadaccini. University of Minnessota Press, Minneapolis, 1986.

MC KENDRICK, Malveena. *Woman and Society in the Spanish Drama of the Golden Age.* Cambridge Univeristy Press, London and New York, 1974.

MARISCAL, George. *Contradictory Subjects: Quevedo, Cervantes, and Seventeenth-Century Spanish Culture.* Cornell University Press, Ithaca, 1991.

MÁRQUEZ, Antonio. *Los alumbrados: Orígenes y Filosofía 1525-1529.* Taurus, Madrid, 1972.

MILLETT, Kate. *Sexual Politics: The Classic Analysis of Interplay Between Men, Women, and Culture.* 1969. Touchstone, New York, 1990.

MORA, Gabriela. "Crítica feminista: Apuntes sobre definiciones y problemas". *Theory and Practice of Feminist Literary Criticism.* Gabriela Mora and K. Van Hooft (eds.). Bilingual Press, Ypsilanti, MI, 1983.

NIETO, José C. "El carácter no místico de los alumbrados de Toledo". *Inquisición española y mentalidad inquisitorial: ponencias del Simposio Internacional sobre Inquisición.* Ariel, Barcelona, 1984.

Nuevas Perspectivas sobre la mujer. 2vv. Actas de las Primeras Jornadas de Investigación Interdisciplinaria. Universidad Autónoma, Madrid, 1982.

OEHRLEIN, Josef. *El actor en el teatro del Siglo de Oro*. Madrid, Castalia, 1993.

OSUNA, Fray Francisco de. *Tercer abecedario espiritual*. Nueva Biblioteca de Autores Españoles 16. Bailly/ Bailliere, Madrid, 1911.

PÉREZ-ERDELYI, Mireya. *La pícara dama: la imagen de las mujeres en las novelas cortesanas de María de Zayas y Sotomayor y Alonso Castillo Solórzano*. Ediciones Universal, Miami, 1979.

PERRY, Mary Elizabeth. *Gender and Disorder in Early Modern Seville*. Princeton University Press, Princeton, 1990.

RABINE, Leslie W. "A Feminist Politics of Non-Identity". *Feminist Studies,* 14.1, 1988.

RABINOW, Paul. *The Foucault Reader*. Pantheon Books, New York, 1984.

RAMÍREZ LEYVA, Edelmira. *María Rita Vargas y María Lucía Celis: beatas embaucadoras de la colonia*. Universidad Nacional Autónoma de México, México, 1988.

REY HAZAS, Antonio (ed.). *Picaresca femenina: La hija de Celestina y La niña de los embustes, Teresa de Manzanares*. Plaza y Janés Editores, Barcelona, 1986.

RIVERA GARRETAS, María MILAGROS. *Textos y espacios de mujeres: Europa, siglo IV-XV*. Icaria, Barcelona, 1990.

—————. *Nombrar el mundo en femenino: pensamiento de mujeres y teoría feminista*. Icaria, Barcelona, 1994.

ROMÁN, David. "Spectacular Women: Sites of Gender Strife and Negotiation in Calderón's *No hay burlas con el amor* and on the Early Modern Spanish Stage". *Theatre Journal* 43, 1991, pp. 445-456.

RUETHER, Rosemary y Eleanor McLaughlin (eds.). *Women of Spirit: Female Leadership in the Jewish and Christian Traditions*. Simon and Schuster, New York, 1979.

SABUCO DE NANTES, Oliva. *La nueva filosofía de la naturaleza del hombre. 1587*. Biblioteca de Autores Españoles 65, Atlas, Madrid, 1953.

SAID, Edward. *The World, the Text and the Critic*. Harvard, University Press, Cambridge, Mass., 1983.

—————. *Orientalism*. Vintage Books, New York, 1979.

SÁNCHEZ LORA, José L. *Mujeres, conventos y formas de la religiosidad barroca*. Fundación Universitaria Española, Madrid, 1988.

SCOTT, Joan W. "Deconstructing Equality versus Difference: or the Uses of Poststructuralist Theory for Feminism". *Feminist Studies*, 14.1, 1988.

SEDGWICK, Eve. *Between Men: English Literature and Male Homosocial Desire*. Columbia University Press, New York, 1985.

SELKE, Ángela. *El Santo Oficio de la Inquisición: El proceso de la Inquisición de Fray Francisco Ortiz 1529-1532*. Guadarrama, Madrid, 1968.

SERRANO Y SANZ, Manuel. "Pedro Ruíz de Alcaraz: iluminado alcarreño del Siglo XVI". *Revista de archivos, bibliotecas y museos* I. Año VII, enero, 1903, pp. 1-16.

—————. "Pedro Ruíz de Alcaraz: iluminado alcarreño del Siglo XVI". *Revista de archivos, bibliotecas y museos* 2. Año VII, febrero 1903, pp. 126-139.

—————. "Francisca Hernández y el bachiller Antonio de Medrano. Sus procesos por la Inquisición (1519-1532)". *Boletín de la Real Academia de la Historia*, XLI, 1902, pp. 105-138.

SMITH, Paul Julian. *Writing in the Margin: Spanish Literature of the Golden Age*. Clarendon Press, Oxford, 1988.

—————. *The Body Hispanic: Gender ans Sexuality in Spanish and Spanish American Literature*. Clarendon Press, Oxford, 1989.

SPELLMAN, Elizabeth. *Inessential Woman: Problems of Exclusion in Feminist Thought*. Beacon Press, Boston, 1988.

SCHROEDER, H. J. *The Canons and Decrees of the Council of Trent*. Books and Publishers, Rockford, 1978.

SULEIMAN, Susan. *The Female Body in Western Culture: Contemporary Prespectives*. Harvard University Press, Cambridge, Mass., 1986.

TÉLLEZ, Gabriel. *El burlador de Sevilla y convidado de piedra*. Alfredo Rodríguez López-Vázquez (ed.). Cátedra, Madrid, 1991.

————. "La prudencia en la mujer. 1633". *Tirso de Molina*. Juana de Ontañón (ed.). Porrúa, México, 1987.

VIVES, Juan Luis. *Instrucción de la mujer cristiana*. Salvador Férnandez Ramírez (ed.). Signo, Madrid, 1936.

WEBER, Alison. "The Editor's Column". *Journal of Hispanic Philology*, 13, 1989.

————. *Teresa of Avila and the Rhetoric of Femininity*. Princeton University Press, Princeton, 1990.

WEDECK, Harry. *Dictionary of Magic*. Philosophical Library, New York, 1956.

WELLES, Marcia. "The Pícara. Towards a Female Autonomy, or the Vanity of Virtue". *Romance Quarterly*, 33, february, 1986, pp. 63-70.

ZILBORG, Gregory, M. D. *The Medical Man and the Witch During the Renaissance*. Cooper Square Publishers, New York, 1969.

ZAVALA, Iris y Miriam Díaz-Diocaretz. *Breve historia feminista de la literatura española (en lengua castellana). Tomo I. Teoría feminista: discursos y diferencias*. Anthropos y la Comunidad de Madrid, Barcelona y Madrid, 1993.

Siendo rector de la Universidad Veracruzana
el doctor Víctor A. Arredondo,
*Vientre, manos y espíritu: hacia la construcción
del sujeto femenino en el Siglo de Oro,*
de Dámaris M. Otero-Torres,
se terminó de imprimir en abril del 2000,
en Imprenta Universitaria, Río Nautla 16,
Col. Cuauhtémoc, Xalapa, Ver. Tel. 18 39 92;
empresa del *Fondo de Empresas de la Universidad
Veracruzana*, A. C., SEP-FOMES 933109.
La edición consta de 1 000 ejemplares más sobrantes para reposición.
Se usaron tipos Century Schoolbook de 8:11, 9:12 y 10:14 puntos.
Formación: Aída Pozos Villanueva; edición: Andrea Ramírez Campos.